高职教育管理创新研究

花 军 著

延边大学出版社

图书在版编目（CIP）数据

高职教育管理创新研究 / 花军著. -- 延吉 ：延边
大学出版社，2022.9
ISBN 978-7-230-03818-8

Ⅰ. ①高… Ⅱ. ①花… Ⅲ. ①高等职业教育－教育管
理－研究－中国 Ⅳ. ①G719.2

中国版本图书馆 CIP 数据核字(2022)第 167930 号

高职教育管理创新研究

著　　者：花　军
责任编辑：孟凡现
封面设计：李金艳
出版发行：延边大学出版社
社　　址：吉林省延吉市公园路 977 号　　　　邮　　编：133002
网　　址：http://www.ydcbs.com　　　　E-mail：ydcbs@ydcbs.com
电　　话：0433-2732435　　　　传　　真：0433-2732434
印　　刷：天津市天玺印务有限公司
开　　本：710×1000　1/16
印　　张：13
字　　数：200 千字
版　　次：2022 年 9 月 第 1 版
印　　次：2024 年 3 月 第 2 次印刷
书　　号：ISBN 978-7-230-03818-8

定价：68.00 元

前　　言

随着我国进入新的发展阶段，产业升级和经济结构调整不断加快，各行各业对技术技能人才的需求越来越紧迫，职业教育的重要地位和作用越来越凸显。正视高职院校教育管理工作的新变化和新要求，主动转变和革新高等职业教育（以下简称"高职教育"）管理理念，发展创新管理办法，是做好新形势下高职院校管理工作的基本出发点和根本宗旨。本书所讲高职教育指高等职业学校教育。

本书旨在全方位探究高职教育管理创新的诸多模式与具体方法。第一章讲述了高职教育与高职教育管理；第二章讲述了高职教育教师培养管理创新；第三章讲述了高职教育学生管理工作创新；第四章讲述了高职教育教材开发设计管理创新；第五章讲述了高职教育科研管理创新；第六章讲述了推进资助育人工作发展创新；第七章讲述了企业深度参与高职教育创新；第八章讲述了高职教育新媒体管理创新。

笔者在撰写本书的过程中参考了大量的文献和资料，在此对相关文献、资料的作者表示由衷的感谢。此外，由于笔者时间和精力有限，书中难免会存在不足之处，敬请广大读者批评指正。

花军

2022 年 7 月

目　　录

第一章 高职教育
与高职教育管理

第一节 高职教育概述

一、高职教育的概念

高职教育是我国高等教育的重要组成部分，包括高等职业专科教育、高等职业本科教育、研究生层次职业教育，是高等教育发展中的一个类型，肩负着为经济社会建设与发展培养人才的使命；同时，高职教育也是我国职业教育体系中的高层次教育。我国高职教育已经形成了涵盖专科、本科、硕士研究生、博士研究生四个层次的相对完整的体系。

界定概念是为了明确概念所反映的事物的本质属性，以便明确事物本身及与事物本身相近或相关的其他事物的区别。根据逻辑学法则，给概念下定义时通常要注意两点：一是选准其邻近的"属"，即涵盖范围比自身更广且同它最接近的上位概念；二是要确定其"种差"，即该概念区别于同一属下其他概念的限制性条件。

首先是要选准其邻近的"属"，解决"类型"问题。高职教育这个概念具有双重属性，即既具有高等性，又具有职业性。高职教育属于高等教育的范畴。

所谓高等教育，指在完成中等教育的基础上进行的专业教育和职业教育，是培养高级专门人才和职业人员的主要社会活动。同时，高职教育还具有职业性，隶属于职业教育范畴，是以职业能力培养为主要目标的高等教育。因此，高职教育培养目标与中等职业教育培养目标相比具有高等性，与普通高等教育培养目标相比具有职业性。

其次是要确定其"种差"，解决"层次"问题。要明确高职教育概念的种差，解决其层次问题，关键是要选定合适的依据来对其相关层次进行科学的划分。职业教育包括职业学校教育和职业培训。根据《中华人民共和国职业教育法》可知："职业学校教育分为中等职业学校教育、高等职业学校教育。"高职教育是职业教育的最高层次，包括专科、本科、硕士研究生、博士研究生层次的职业教育，但我国专科层次的高职院校数量最多，也是培养我国高技能人才的主战场。

综上所述，高职教育是由高职院校实施的，以职业能力为本位，以技术型或高技能人才为培养目标，培养具有一定的基础理论知识、专业知识、创新精神、终身学习能力和良好情操的可持续发展的高技术专门人才的高等教育。

二、高职教育的特点

高职教育在人才培养目标上有其独特之处。高职教育的特点主要包括高等性、职业性、实践性、区域性等。

（一）高等性

高职教育属于高等教育范畴，高等性是高职教育培养目标定位的基准。中等职业教育由高级中等教育层次的中等职业学校（含技工学校）实施。高职教育由专科、本科及以上教育层次的高等职业学校和普通高等学校实施。与中等职业教育相比，高职教育可以使学生掌握更多的理论知识，成为更好的高技能人才。

（二）职业性

高职教育与普通高等教育的最大区别在于它的职业性。职业性是高职教育培养目标定位的内涵，即培养人才具有较强的职业能力特色和优势。高职教育一般按照社会职业需要设置专业，学生入学就明确了职业方向，入学后通过必备的科学文化知识、专业理论知识和职业所需技能的学习，毕业时不仅要取得毕业文凭，而且要取得相应的职业资格证书。

（三）实践性

刘春生教授认为，高职教育的实践性主要表现在课程设置和实践能力的培养两个方面。在课程设置上，高职教育中实习课程所占的比例远远高于普通高等教育中实习课程所占的比例；此外，高职教育还强调理论与实践并行，知识与技能并重。在教学方法上，高职教育比普通高等教育更重视教育与生产劳动的结合，强调"手脑并用"与"学做合一"。此外，高职教育培养的是高素质劳动者和技术技能人才，他们需要具有一定的实践能力和理论知识。

（四）区域性

区域性是高职教育培养目标定位的地方特色。区域经济的结构和区域经济发展的不平衡性决定了不同地区所需人才的能力结构是不一样的。从区域经济的结构来讲，不同地区的资源状况、产业结构等是不一样的；从区域经济发展的不平衡性来讲，不同地区的经济基础、生产力水平等是不一样的。因此，高职教育具有区域性特点，应根据区域经济的特点设置专业。

三、高职教育的功能

高职教育的功能主要可以概括为以下几方面。

（一）培养高技能专门人才

以市场职业需求为导向，培养高技能专门人才是高职教育和普通高等教育的显著区别。高职教育以培养学生高级专门技能为核心，以职业岗位群的需要为依据制订教学计划，在进行职业能力分析的基础上，构建学生的知识能力和素质结构。高职教育注重丰富学生的职业知识，通过不断更新教学内容、调整课程结构，培养学生掌握新设备、新技术的能力，提高学生的职场适应能力。

（二）服务于地方经济的发展

高职院校往往是根据地方的经济、教育、人口、社会发展需求等因素来办学的，其出发点和落脚点主要是为地方经济建设服务。因此，高职教育有服务于地方和行业的特征，其专业设置、课程内容等往往与地方经济发展和行业需要密切相关。

（三）开发和探索实用新技术

企业在生存与发展过程中，需要不断使用新技术与新工艺。这些新技术和新工艺既可以由企业自身研制完成，也可以由企业与其他部门共同完成。高职院校面向生产一线，可以凭借天然的优势和较强的技术开发能力与企业一起开发和探索实用新技术。

四、高职教育的地位与作用

（一）高职教育在教育系统中的地位和作用

高职教育是职业教育的最高层次，它隶属于高等教育，是整个教育系统的重要组成部分。高等教育是教育系统中最复杂的子系统，高职教育、普通高等教育包括专科、本科、硕士研究生和博士研究生四个层次。高职教育以中等教育（含中等职业教育和普通高级中等教育）为基础，中等学校的毕业生在掌握一定的文化基础知识或技能的基础上，通过选拔考试进入高职院校学习。高职学生既要接受相应的学历教育，又要接受相应的职业技术教育。

教育肩负着培养社会需要的各级各类人才的重要任务。要想正确认识高职教育在整个教育系统中的作用，首先需要了解教育的类型。不同的教育类型对应不同的人才培养规格。教育的性质是由其培养的人才的性质决定的，不同教育形式最根本的差别在于其培养人才的差异。

学术界认为，人才可分为学术型人才、工程型人才、技术型人才和技能型人才。其中普通高等教育主要培养学术型和工程型人才，而高职教育主要培养技术型和技能型人才。在科学原理（客观规律）转化成为社会直接利益的过程中，存在着两个转化：一个是科学原理演变为工程（或产品）设计、工作规划、运行决策等；另一个是将工程原理应用于实践从而转化为工程、产品等物质形态。两个转化需要两大类人才：一类是发现和研究客观规律的人才；另一类是应用客观规律为社会谋取直接利益的人才。前者是学术型人才，后者是应用型人才（包括工程型人才、技术型人才和技能型人才）。技术型和技能型人才主要指根据工程型人才设计出来的图纸、计划、方案等进行操作，使之成为现实的生产力、可以直接应用的社会成果的人才。高职教育主要培养上述四种人才中的技术型人才和技能型人才，是教育系统中的重要组成部分。

（二）高职教育在社会经济系统中的地位和作用

时代越是向前，知识和人才的重要性就愈发突出，教育的地位和作用就愈发凸显。教育与经济发展的关系，一般而言是正相关的，即教育促进经济发展，经济发展又促进教育水平的提高。新形势下，我国长期以来主要依靠资源、资本、劳动力等要素投入支撑经济增长和规模扩张的方式已不可持续。党的十八大以来，我国持续推动动力转换、方式转变、结构调整。从产业结构看，高技术产业蓬勃发展，服务业拉动作用日益凸显；从需求结构看，消费成为经济增长主要推动力；从地域结构上看，从东部率先企稳向好到中西部爬坡过坎，城乡、区域协调发展呈现新格局；从要素结构看，科技创新和人力资本增长成为驱动经济发展的重要力量。

当前，随着经济转向高质量发展阶段，产业集群效应越来越明显，我国对高素质技术技能人才的需求也越来越紧迫。而高职教育肩负着培养高素质技术技能人才的重要职责。由此可知，高职教育在社会经济发展中占有不可取代的重要地位。

作为服务经济社会发展需求的高职教育，必须紧扣时代经济社会发展脉搏，适应社会和市场需求而"变"，跟着产业结构调整升级而"走"，努力探索"城乡联动""院地联动""院校联动""校企联动"的新型发展模式，方能在我国经济社会大改革、大发展中发挥更大的战略作用。

五、高职教育的发展动向

改革开放以来，职业教育为我国经济社会发展提供了有力的人才和智力支撑。随着我国进入新的发展阶段，产业升级和经济结构调整不断加快，各行各业对技术技能人才的需求越来越紧迫，职业教育的重要地位和作用越来越凸显。

2019年1月24日，国务院出台了《国家职业教育改革实施方案》，为办好新时代高职教育指明了方向。《国家职业教育改革实施方案》针对我国职业教育还存在的体系建设不够完善、职业技能实训基地建设有待加强、制度标准不够健全、企业参与办学的动力不足、有利于技术技能人才成长的配套政策尚待完善、办学和人才培养质量水平参差不齐等问题，提出了一系列突破性的解决方案。

《国家职业教育改革实施方案》提出："推进高等职业教育高质量发展。把发展高等职业教育作为优化高等教育结构和培养大国工匠、能工巧匠的重要方式，使城乡新增劳动力更多接受高等教育。高等职业学校要培养服务区域发展的高素质技术技能人才，重点服务企业特别是中小微企业的技术研发和产品升级，加强社区教育和终身学习服务。建立'职教高考'制度，完善'文化素质＋职业技能'的考试招生办法，提高生源质量，为学生接受高等职业教育提供多种入学方式和学习方式。在学前教育、护理、养老服务、健康服务、现代服务业等领域，扩大对初中毕业生实行中高职贯通培养的招生规模。启动实施中国特色高水平高等职业学校和专业建设计划，建设一批引领改革、支撑发展、中国特色、世界水平的高等职业学校和骨干专业（群）。根据高等学校设置制度规定，将符合条件的技师学院纳入高等学校序列。"

（一）高职教育地位有重大突破

《国家职业教育改革实施方案》明确指出："职业教育与普通教育是两种不同教育类型，具有同等重要地位。"《国家职业教育改革实施方案》还提出："经过 5—10 年左右时间，职业教育基本完成由政府举办为主向政府统筹管理、社会多元办学的格局转变，由追求规模扩张向提高质量转变，由参照普通教育办学模式向企业社会参与、专业特色鲜明的类型教育转变，大幅提升新时代职业教育现代化水平，为促进经济社会发展和提高国家竞争力提供优质人才资源支撑。"这宣告着多年来我国高职院校参照普通高等教育办学的历史将终结，高职教育的地位将得到极大提升。

（二）高职教育国家标准有重大突破

近年来，教育部联合行业、企业先后发布了一系列职业教育标准，对于提升教育质量发挥了积极作用。《国家职业教育改革实施方案》提出要构建职业教育国家标准，具体包括完善教育教学相关标准，启动"学历证书＋若干职业技能等级证书"制度（以下简称"1+X 证书制度"）试点工作，开展高质量职业培训，实现学习成果的认定、积累和转换。《国家职业教育改革实施方案》还点明："发挥标准在职业教育质量提升中的基础性作用。按照专业设置与产业需求对接、课程内容与职业标准对接、教学过程与生产过程对接的要求，完善中等、高等职业学校设置标准，规范职业院校设置；实施教师和校长专业标准，提升职业院校教学管理和教学实践能力。持续更新并推进专业目录、专业教学标准、课程标准、顶岗实习标准、实训条件建设标准（仪器设备配备规范）建设和在职业院校落地实施。巩固和发展国务院教育行政部门联合行业制定国家教学标准、职业院校依据标准自主制订人才培养方案的工作格局。"

（三）"双师型"师资队伍有重大突破

《国家职业教育改革实施方案》提出："从 2019 年起，职业院校、应用型本科高校相关专业教师原则上从具有 3 年以上企业工作经历并具有高职以上学历的人员中公开招聘，特殊高技能人才（含具有高级工以上职业资格人员）可适当放宽学历要求，2020 年起基本不再从应届毕业生中招聘。加强职业技术师范院校建设，优化结构布局，引导一批高水平工科学校举办职业技术师范教育。实施职业院校教师素质提高计划，建立100 个'双师型'教师培养培训基地，职业院校、应用型本科高校教师每年至少 1 个月在企业或实训基地实训，落实教师 5 年一周期的全员轮训制度。探索组建高水平、结构化教师教学创新团队，教师分工协作进行模块化教学。定期组织选派职业院校专业骨干教师赴国外研修访学。在职业院校实行高层次、高技能人才以直接考察的方式公开招聘。建立健全职业院校自主聘任兼职教师的办法，推动企业工程技术人员、高技能人才和职业院校教师双向流动。职业院校通过校企合作、技术服务、社会培训、自办企业等所得收入，可按一定比例作为绩效工资来源。"这意味着以往高职院校在"黑板上种田"的时代将彻底结束，实践课教师短缺的局面将逐渐破解，高职院校将开启真正的"双师型"师资时代。

（四）校企合作有重大突破

《国家职业教育改革实施方案》提出："职业院校应当根据自身特点和人才培养需要，主动与具备条件的企业在人才培养、技术创新、就业创业、社会服务、文化传承等方面开展合作。学校积极为企业提供所需的课程、师资等资源，企业应当依法履行实施职业教育的义务，利用资本、技术、知识、设施、设备和管理等要素参与校企合作，促进人力资源开发。校企合作中，学校可从中获得智力、专利、教育、劳务等报酬，具体分配由学校按规定自行处理。在开展国家产教融合建设试点基础上，建立产教融合型企业认证制度，对进入目录的产教融合型企业给予'金融＋财政＋土地＋信用'的组合式激励，并按规定落实相关税收政策。试点企业兴办职业教育的投资符合条件的，可按投资额一定比例抵免该企业当年应缴教育费附加和地方教育附加。厚植企业承担职业教育责任的社会环境，推动职业院校和行业企业形成命运共同体。"这意味着多年来我国高职院校寻找合作企业难的时代将逐渐终结，校热企冷的局面将逐渐被打破。

（五）毕业生待遇有重大突破

《国家职业教育改革实施方案》提出："提高技术技能人才待遇水平。支持技术技能人才凭技能提升待遇，鼓励企业职务职级晋升和工资分配向关键岗位、生产一线岗位和紧缺急需的高层次、高技能人才倾斜。建立国家技术技能大师库，鼓励技术技能大师建立大师工作室，并按规定给予政策和资金支持，支持技术技能大师到职业院校担任兼职教师，参与国家重大工程项目联合攻关。积极推动职业院校毕业生在落户、就业、参加机关事业单位招聘、职称评审、职级晋升等方面与普通高校毕业生享受同等待遇。逐步提高技术技能人才特别是技术工人收入水平和地位。机关和企事业单位招用人员不得歧视职业院校毕业生。国务院人力资源社会保障行政部门会同有关部门，适时组织清理调整对技术技能人才的歧视政策，推动形成人人皆可成才、人人尽展其才的良好环境。按照国家有关规定加大对职业院校参加有关技能大赛成绩突出毕业生的表彰奖励力度。"这将改变高职院校毕业生待遇不高、工作环境不理想、社会地位也不高的局面，也意味着高职教育的吸引力将逐步增强。

（六）一专多能有重大突破

提倡一专多能，还是提倡专业化，是世界各国职业教育都面临的艰难选择。不过，从人的全面发展或者解决结构性就业矛盾的层面来说，一专多能无疑是职业教育的理想选择。《国家职业教育改革实施方案》提出："启动 1+X 证书制度试点工作。深化复合型技术技能人才培养培训模式改革，借鉴国际职业教育培训普遍做法，制订工作方案和具体管理办法，启动 1+X 证书制度试点工作。试点工作要进一步发挥好学历证书作用，夯实学生可持续发展基础，鼓励职业院校学生在获得学历证书的同时，积极取得多类职业技能等级证书，拓展就业创业本领，缓解结构性就业矛盾。国务院人力资源社会保障行政部门、教育行政部门在职责范围内，分别负责管理监督考核院校外、院校内职业技能等级证书的实施（技工院校内由人力资源社会保障行政部门负责），国务院人力资源社会保障行政部门组织制定职业标准，国务院教育行政部门依照职业标准牵头组织开发教学等相关标准。院校内培训可面向社会人群，院校外培训也可面向在校学生。各类职业技能等级证书具有同等效力，持有证书人员享受同等待遇。院校内实施的职业技能等级证书分为初级、中级、高级，是职业技能水平的凭证，反映职业活动和个人职业生涯发展所需要的综合能力。"这意味着在 1+X 制度框架下，高职院校学生的综合素质将得到极大提升，全面发展的一专多能时代即将来临。

第二节 高职教育管理概述

培养一流人才、创建一流高校，离不开一流的管理育人制度作支撑。科学的管理育人制度能够对广大师生进行积极引导，持续调动广大师生的积极性、主动性、创造性。一般来说，高职院校的管理理念越先进、管理制度越科学，管理的成效也就越好。

一、高职教育管理的任务及目的

（一）高职教育管理的任务

高职教育管理的任务就是有意识地调节高职教育系统内外各种关系和调动可以利用的高职教育资源，以适应高职教育系统发展的客观规律。高职教育系统是社会大系统中的一个子系统，而一所高职院校也是一个社会系统，校内按工作序列分，有教学系统、后勤系统等；按隶属关系分，有校部、院部、班组等。这些部门构成了相互隶属的管理系统。由于该系统中存在着多种矛盾序列，因此高职教育管理是很有必要的。在高职教育管理中，相关管理者要从系统论的角度来调整高职教育的整体和各部分之间、各要素之间的关系，树立整体的观念，并通过有效的管理实现系统要素的整体优化。

（二）高职教育管理的目的

高职教育管理的目的是培养符合社会要求、促进经济社会健康发展的有用人才。但是，经济社会的发展不仅需要具有较高能力的技能型人才，更需要那些创新知识、发明新技术、创立新学科的人才，因为这类人才能将先进的科学知识、科学技术及设备有效地转化为生产力。高职院校的一切工作都是围绕学生展开的，随着教育改革的逐渐深入，高职院校的学生在学习生活中难免会遇到这样或那样的问题，管理者不仅要帮学生解决问题、走出困境，还要在思想上对其进行教育，使学生成为素质高、品德高、技能高的，有利于社会发展的有用人才。随着高等教育从大众化转变为普及化，高职院校在校学生数量急剧增加，而和谐校园是和谐社会的重要组成部分，所以高职院校要重视对和谐校园的创建。

二、高职教育管理的内容

（一）教育思想管理

管理者抓教育管理，首先要把重点放在对教育思想的管理上，以保证教育工作的方向性。方向性就是使教育工作能体现党的教育方针的要求，体现教育的主要任务，即传授知识、塑造思想、发展能力、增强体质的要求，体现本身具有的社会性、科学性、继承性、创造性和滞后性等特点的要求。管理者应以这些要求为准绳，按照教育工作的规律开展教育研究和实验改革等活动。

教育思想管理的重点在于帮助教职工端正思想，特别是树立全面贯彻党的教育方针、提高教学质量的思想；树立"教书育人""管理育人"和"服务育人"的思想；树立理论联系实际、教育教学工作适应高职教育建设和发展需要的思想。

（二）专业设置管理

专业设置是高职院校人才培养的基础工作，关系到人才培养目标与规格，关系到教育质量和效益，也关系到高职教育与经济社会发展的协调与适应。高职院校专业设置管理的主要内容包括以下两个方面。

1.建立按需培养，即"以产定销"的专业设置机制

建立"招生与就业"机构，将教育教学与生源市场、就业市场紧密结合起来，将对这两个市场的调查分析结果作为学校专业设置的客观依据。为此，要对社会、市场需求进行定期调查，分析形势，作出决策。

2.建立专业设置评议委员会

根据科学的程序对专业设置进行可行性评估分析。专业设置评议委员会的工作职责包括以下几点：审查所设置的专业是否符合学校办学定位和发展规划；审查所设置的专业是否有稳定的社会人才需求、科学规范的专业人才培养方案、完成专业人才培养方案所必需的专职教师队伍及教学辅助人员；等等。

（三）教学管理

教学是学校的中心工作。教学管理是指在正确的教育思想的指导下，运用科学的管理方法，使教学工作制度化，使学校实现低成本、高效益的规范化运转，实现高标准的教学质量目标。

1.教学工作制度与计划

高职教育的教学工作几乎涉及学校的所有方面、组织和个人。若要保证每个方面都能配合协调、工作有序，就要使教学工作走上具有科学性、规范性、可操作性和权威性的制度化管理轨道。

教学工作制度一般包括备课上课制度、实验实习制度、成绩考核制度、教

学检查评比制度和教学质量分析研究制度，还包括主辅修制、学分制等。根据教学的要求，教学工作制度也要不断调整或更新。

教学工作计划的制订是教学工作的起始环节，其目的是使每个教职工都掌握学校教学工作的总目标和一定时期的目标以及各部门的分目标，然后齐心协力去完成。教学工作计划应包括任务与目标、完成任务与目标的行动方案，同时还应包括完成计划的过程和结果控制的标准。教学工作计划按时间可划分为学年计划、学期计划和周计划，按组织层次可划分为全校教学工作计划、专业教学工作计划和教学组（室）教学工作计划。

2.教学过程管控

教学的基本环节有备课、上课、布置和批改作业、课外辅导、实验实习指导、评定学生学习成绩等，教师应通过计划与制度对这些环节的进度、程序规范及工作质量等提出明确要求，并对在实现过程中出现的偏差及时进行纠正与控制，否则将会因为个别环节的失控而影响整体。教师对学生学习过程中的各个环节也需要进行管理，学校教学需要培养学生自主学习和独立学习的能力，在此观点下，教师的任务应更侧重对学生学习的管理。学生学习过程主要包括选择专业、选修课程、制订学习计划、预习、上课、做作业、复习、自我考核、总结等。除教学计划内安排的教学活动外，学校还有供学生选择参加的多种形式的教学活动。教学活动按内容性质可分为思想政治活动、科技活动、文学艺术活动、社会公益活动、娱乐体育活动等；按学生参加活动的形式可分为群众性活动、兴趣小组活动。

3.教学质量管理

教学质量管理是一种综合性的全面管理，首先要制定科学可行的质量标准；其次是对影响教学质量的全部因素进行管理，即对影响教学质量的所有因素进行监督和控制；再次是对工作全过程进行管理，从教学工作过程和教学质量形成过程两个角度进行把握；最后是全员管理，对教学质量形成的全过程和全部因素进行监控。

（四）教师管理

学校工作水平如何、学生质量如何，关键在于教师。对教师的管理需要根据人事管理工作的一般规律，并结合高职教师的工作特点，提出科学、合理、可行的管理办法。

1.教师队伍管理

高职教育因其专业门类多，教学环节、形式丰富多样，所以除了对教师个体提出较高要求外，还要求有一支具有合理结构且素质高的教师队伍。教师队伍的建设十分复杂，应做好教师队伍规划和培养工作。

第一，要有合理的职称结构。每一个专业都应有专业带头人，以及具有高级、中级、初级专业技术职务任职资格的教学骨干和辅助人员，以形成一个具有不同教学能力、教学水平，能够持续发展的教师队伍。

第二，要有合理的专业结构。基础课、专业课、实习课的教师比例应与课程结构比例相匹配。

第三，要有合理的学历、经历结构。高职院校既需要一定数量的高学历教师，也需要一定数量的"双师型"教师，还需要一定数量的实践能力很强的实践指导教师。

第四，通过改革录用方式获取新生力量，优化师资结构。可采用的方法主要有录用应届毕业生和调用、聘用有一定实践经验的在职人员。要做好在职教师的培养与培训工作，根据不同情况对教师进行不同内容（如专业理论、教育理论、实践能力等）的培训。培训可采取脱产进修、在岗培训、企业实践、教学研讨等形式进行。

2.教师自身管理

《中华人民共和国教师法》对教师的权利与义务、资格与作用、培养与培训、考核、待遇、奖惩等方面都做了明确的规定。依法对高职院校师资队伍进行管理，是贯彻党的教育方针，改革教师管理制度，建设一支结构合理、质量优良的高职院校师资队伍的根本保证。

学校的生存和发展是靠有效的工作成绩来支撑的，因此重视工作成果和工作效率，以对学校实际贡献的大小作为衡量、评价和奖惩教师的主要标准是很有必要的。凭借绩效标准考评来对教师进行奖惩，可以增强教师的成就感，最大限度激发教师的聪明才智，使教师努力做好各项工作。

在教师管理过程中，要坚持激励性原则，以表扬和鼓励为主，引导教师自我教育、自我管理。在教师管理过程中，应将精神奖励和物质奖励相结合，并以精神奖励为主。例如，评选先进人物和表彰其先进事迹，授予荣誉称号，建立奖励基金等。同时，还要注重为教师创造良好的工作环境，包括有效的培养、晋升环境，良好的生活环境等。

（五）学生管理

在教育过程中，学生既是受教育的客体，又是自我教育的主体，学生是学校教育工作的对象。学生管理除了包含行政管理的内容，还包含了许多教育性的管理。管理是对学生进行教育的手段，对学生的管理要着眼于建立积极和稳定的教学秩序，促进学生全面、健康发展，使其成为合格的应用型人才。

1.招生管理

招生管理是学生管理的第一步，是一项计划性、政策性、时间性都很强的复杂而又具体的工作。学校应制订好招生计划及制作好本校各专业招生简章，并进行广泛宣传；组织好报名工作；做好考生的录取工作。

招生计划是否符合实际是学校开发生源市场能力高低的综合体现。学校要认真学习文件精神，严格按照招生政策进行招生，对行业、社区的需求进行深入调查，并尽量与用人单位签订培养合同，做到按需培养。同时还要考虑学校教育资源的情况，优化专业结构，提高规模效益，降低培养成本。

对考生提供咨询服务，包括宣传本校各专业情况、培养目标、就业前景、开设课程、招生范围等，同时也帮助考生根据个人意向、个性特征等选择适合自己的专业。

为了使考生情况与专业需求匹配，学校可以增加面试和专业技能考核。对某些特殊专业，学校可根据本校的办学条件和专业培养要求，提出对考生身体健康状况、某科成绩等的补充要求。

2.就业管理

高职院校的服务功能，必须通过就业这一环节才能实现。学校要加强对就业安置工作的管理。高职毕业生是国家的宝贵财富，解决好他们的就业问题，既关系实现个人价值和家庭幸福，更关乎国家长远发展和社会和谐稳定。高职毕业生就业安置工作主要有以下几方面内容：一是按国家计划和用人单位合同，配合劳动人事部门，协助毕业生就业；二是协助毕业生进入劳动力市场，力争帮助毕业生尽早实现就业；三是加强与用人部门的联系，及时获取招聘信息，帮助毕业生就业；四是对毕业生进行就业指导，帮助他们掌握国家的劳动就业方针政策，了解供求信息，更新就业观念，提高自主择业能力。

3.学籍管理

学籍管理是指根据有关规定对学生的入学资格、在校学习情况及毕业资格进行考核、记载、控制和处理的活动。学籍管理一般包括注册、考勤、成绩考核、升级与留级、转学、退学、休学、奖励与处分、审查学生的毕业资格和毕业手续等。学籍管理是一项政策性和教育性都很强的工作，严格执行学籍管理制度能够保证学校的正常教学秩序。

（六）教育质量管理

提高高职教育质量是高职教育管理的出发点和立足点。高职教育管理工作所做的每一项工作，都是为了提高教育质量。实施教育质量管理，首先要确定质量标准，其次要进行质量控制，最后要进行教育质量评估。确定质量标准是教育质量管理的起点；质量控制是检验和保证教育质量标准实施的起点；教育质量评估是对教育工作过程和结果进行全面检查的环节，是衡量教育质量效果的手段。这三个方面缺一不可，缺少任何一个方面都会影响教育质量的提高。

三、高职教育管理的基本特点

高职教育管理指为了实现高职教育的目的，在一定原则下科学地组织协调、使用各种资源，使高职教育工作持续、稳定、优质、高效运行的过程。高职教育管理的宗旨是要在高职教育系统内，科学地组织和使用系统内的人、财、物等，优质高效地完成各级各类职业技术人才培养的任务。基于为经济建设第一线提供所必需的应用型技术人员、管理人员、服务人员等的培养目标，高职教育管理具有区别于其他类型教育管理的特点。

（一）社会性

社会性是职业教育的本质特征。职业教育的学校布局、专业设置、教学内容等的确定都必须适应社会经济发展的客观需求。职业教育系统的整体运行，也必须在职业教育主管部门、学校、企业和社会的共同协作与配合下才能实现，职业教育的这一特征决定了其管理也必须具有社会性。一方面要求将办职业教育的责任与义务推广、扩散和辐射到社会的各行业、各部门，实现职业教育办学的多元化；另一方面要使各方力量参与职业教育管理，形成多部门、多方面参加的实体型的行政管理机构，使职业教育的管理社会化。

目前，除了由行业、企业创办的职业学校外，行业、企业以及社会有关方面参与高职教育管理的积极性往往不太高，高职教育管理的社会性特点不明显。

（二）整体性

我国已初步建立了中国特色现代职业教育体系。中国特色现代职业教育体系以服务为宗旨，以就业为导向，积极推进工学结合、顶岗实习培养模式，面向一线培养高素质劳动者和技能型人才。中国特色现代职业教育体系由中等职业教育、专科层次职业教育、本科层次职业教育、研究生层次职业教育等各层次职业教育构成。其中任何一种形式、一种类型、一种层次的教育与培养，都是职业教育不可缺少的组成部分，都有自己的社会责任和历史作用。因此，在对高职教育进行管理时，要运用整体的观点，统筹规划，统一管理。这种整体性还表现在进行高职教育管理时不单独考虑高职教育活动的管理，还要与各行业的技术以及劳动、人事制度的改革和完善相结合，与就业需求以及职业的变化等相结合。

目前我国在职业教育管理体制上，同一层次、同一类型的职业教育亦有不同主管部门，这种状况不利于实施对职业教育的统一管理。

（三）地方性

高职教育的存在价值首先是为地方经济建设服务，其办学目标和专业设置等都应与所在地区经济发展需要和社会发展要求相适应。我国城乡之间、东西部之间、沿海与内地之间经济发展的水平差别很大，职业教育管理的地方性要求地方职业教育主管部门负责本地区职业教育发展的规模、速度、具体管理工作等，从本地实际情况出发，因地制宜，因时制宜，在加强宏观指导和管理的同时，给职业学校以充分的办学自主权。目前各地政府根据中央有关文件，正在加强对地区职业教育管理模式的改革和探索，有些地区取得了较大进展。但是对于高职院校来说，办学自主权不足，仍然制约着学校的发展。

四、高职教育管理的基本原则

高职院校制定教育管理基本原则的指导思想有三个：一是制定的原则必须符合事物发展的客观规律。原则作为指导人们行动的准则，必须符合事物发展的客观规律，否则人们按照它行动，只会给其事业带来损失。二是制定的原则必须符合自己所要实现的目标。制定原则时必须紧紧扣住自己所要实现的目标，抓住目标，原则的针对性才强。三是原则必须用语简明，概括准确。原则作为指导人们行动的准则，要便于人们记忆，还要便于人们科学地使用，这就要求原则必须用语简明，概括准确。

按照现代高职教育管理的基本规律和制定原则的指导思想，笔者总结了高职教育管理的几条基本原则。

（一）指导性原则

指导性原则指高职院校既要实现管理现代化、管理高效化，更要坚持"教育必须服务于社会主义，服务于人民"的方针，努力培养出大批德才兼备、全面发展的新型人才。这是高职教育管理的首要原则，也就是说，要始终坚持《中共中央关于教育体制改革的决定》和《中共中央国务院关于深化教育改革，全面推进素质教育的决定》所指明的方向，坚持教育要面向现代化、面向世界、面向未来的指导思想，为新时期我国经济社会的发展储备大量的高素质技术技能人才。落实高职教育管理指导性原则，关键是要切实把共产主义世界观的教育贯穿于高职教育管理的各个环节中，切实把坚持正确的政治方向放在学校工作的首要位置，把学生培养成有理想、有道德、有文化、有纪律的社会主义建设者和接班人。

（二）整体性原则

整体性原则是指将高职教育的各种管理资源、管理对象及其与周围事物的联系作为一个整体来看待，使之有系统、有层次、有秩序地运行，从而达到高职教育管理的最优效果。高职教育作为一个独立的整体，同时也是整个社会的一部分，必然会受到社会其他方面的影响。从总体上看，高职教育可以划分为几个相对独立的、相互制约的要素或子系统。为实现高职教育的科学化管理，不断提高管理效能，有必要研究不同的管理资源、管理对象及其与周围事物的关系。要有整体观念，从全局出发，从整体上把握事物的特征，研究事物整体以及它与周围事物的联系，同时也要将事物分解成几个子系统和几个简单的要素，并研究各要素的性质及其相互关系，使高职教育管理活动能遵循客观规律正常运转。因此，高职教育管理应坚持整体性原则。

（三）科学性原则

科学性原则是指在高职教育管理中，管理者必须坚持实事求是，一切从实际出发，自觉按照高职教育的管理规律办事，只有这样才能使工作有条不紊，达到管理的最佳水平。遵循科学性原则，必须做到以下几点：

第一，管理者应具有一定的科学素质。管理者要认识到，管理是一门科学，缺乏科学素质，就无法做好管理工作。

第二，建立一套科学、严格的管理制度。

第三，建立和完善教师责任制度。每一位教师都有责任、有义务管理学校，建立和完善教师责任制度，有助于实现事事有人管、人人都能尽职尽责。另外，教师要充分发挥个人的聪明才智，以取得更好的成绩。

（四）教育性原则

教育性原则是指通过管理不仅要完成高职院校教育管理的一般工作，而且要十分重视高职院校的各项工作对学生的教育作用。高职院校是培养人、教育人的地方，青年学生具有很强的可塑性，具有很强的模仿能力，会受到各种因素的影响。因此，高职院校的所有教职工在做工作时应始终贯彻教育性原则。贯彻教育性原则主要可以从以下几个方面进行：

第一，全校教职工必须重视自身思想行为的示范作用。教师要做好学生的楷模，学校其他领导干部和教职工也要具有高尚的道德情操，树立良好的师德师风。

第二，教师要为学生树立榜样。高职院校的所有教师都应该非常重视各种职业技能的示范作用。全校教职工对每项工作都要严肃认真、一丝不苟，对每项制度都要严格执行、不得徇私。

一个学校如果校舍整洁、环境优美，往往能使人心旷神怡，这对优化教育教学环境、净化学生的心灵、振奋学生的精神、培养其生活情趣，都是十分有益的。

（五）高效性原则

要落实高效性原则，管理者必须坚持正确的办学方向和目标，只有高职教育的管理目标正确，工作效率高，才能真正达到教育管理的目标。

管理者必须合理利用高职教育管理资源。高职院校在进行智力开发和人才培养时，需要投入一定的有形资源，包括物质资源、人力资源、财力资源等，也需要投入一定的动态资源，如信息资源、时间资源等。这种既有有形资源又有动态资源的合理组合，有助于提高高职院校的办学质量。

五、高职教育管理的基本方法

高职教育管理有其独特的管理程序。针对高职教育管理的特点，必须采取与其他管理不同的方法。

（一）调查研究法

调查研究法是高职教育管理者必须掌握的一种方法，也是其必须具备的一项管理技能。要提高管理效率，就必须对管理对象有透彻的认识，对其现状和历史，各类人员的基本素质、能力和要求，工作中的利弊等，都要有全面的认识。但这些信息的掌握，只能通过深入细致的调查研究才能实现。因此，管理者有必要了解调查研究的理论，掌握调查研究的方法。

调查研究是做好高职教育管理工作的基础，唯有深入调查研究，才能摸清形势，掌握信息，预知未来，管理工作才能取得显著成效。一般调查研究法有直接观察法、报告法、个别访问法、会商调查法、填表调查法、通信调查法等。

1.直接观察法

直接观察法是调查人员深入现场，亲自观察、测量、计数等以取得资料的方法。这样获得的资料往往具有较高的真实性和准确性。

2.报告法

报告法是指利用现行的统计报表获取需要的数据资料的方法,同时也可利用被调查单位的原始记录等资料。

3.个别访问法

个别访问法是调查人员向被调查者进行逐一询问、记述以取得资料的方法。个别访问法的优点是:由于调查人员对调查项目有相同程度的理解,因此能按统一的标准询问,并获得资料。

4.会商调查法

会商调查法是指为了研究某个问题,由调查人员有计划地邀请一些熟悉调查问题的人进行座谈讨论,以收集所需要资料的方法。由于这种方法可以开展讨论,因此有可能对问题进行深入研究,同时还可能找到解决问题的方法。

5.填表调查法

填表调查法是调查人员将调查表交给被调查者,并说明填表的要求和方法,由被调查者根据实际情况,按照表中栏目自行填写,然后由调查人员统一审核处理的调查方法。填表调查法可以节省人力和时间,但是这种方法要求被调查者具有较高的文化素养和积极配合的态度,否则难以保证调查资料的准确性。

6.通信调查法

通信调查法也是采用填表的形式进行调查,与上述填表调查法的不同之处是使用这种方法进行调查的调查者和被调查者可能分散在各个地方。通信调查法往往不受地区的限制,能更好地收集资料。

（二）行政管理法

行政管理法是指高职院校教师依靠自身的力量和高职院校的行政机构，以行政手段进行管理的方法。高职院校用法律赋予的行政权力对被管理者的行为进行直接控制。在高职教育管理工作中，行政管理法对管理目标的实现起着重要作用。

但是，行政管理法如果运用不当，就会违背客观规律，给高职院校工作造成危害。运用行政管理法应注意以下问题。

1.要合理运用行政管理法

行政管理法最显著的特点就是强制性与权威性，这样一种具有强制性、权威性的管理办法，应当是以客观规律为依据，从实际管理需要出发，而不能与强制命令混淆在一起。高职教育管理者不能随意扩大行政管理法的适用范围，更不能滥用行政管理法，而是要针对不同的情况和条件，在必要和可行的范围内运用行政管理法。

2.行政管理法应与其他管理方法相结合

在高职教育管理中，其他管理方法的实施往往需要借助行政手段。同理，在运用行政管理法时，还必须结合其他管理方法，以弥补行政管理法的不足。行政管理法的局限性是与其特征相联系的，其最基本的特征就是它的强制性和权威性所构成的集中统一，这种统一导致了管理层面上的多层、纵向指挥局面，以及各部门、各单位之间沟通困难，同时也导致了下级领导有职、少权、无责的现象。现代化的管理要求权力分散、信息传递迅速准确，以便子系统发挥积极性和创造性。因此，在高职教育管理中，应将行政管理法与其他管理方法结合使用。

（三）思想教育法

思想教育法是一种通过有针对性的思想政治教育，提高高职院校学生思维能力，激发学生学习积极性和主动性的方法。在高职教育管理中，思想教育法是一种重要的管理方法。

高职院校的思想政治工作，应该为教育体制改革服务，以培养出合格的社会主义建设者和接班人。高职院校思想政治工作要与各项工作相结合：思想政治工作要与教学工作相结合，寓思想政治工作于教育管理之中；思想政治工作要与后勤服务工作相结合，为学生提供高质量的管理和优质的服务，以全校教职工的良好形象和高尚的道德素质来影响学生；思想政治工作要与管理工作相结合，使思想政治教育真正渗透管理的各个方面。

（四）学术研究法

学术研究法是指在高职教育管理中通过运用科学研究、开展学术活动来进行管理的方法。运用学术研究法应做到以下几点：

第一，高职院校的管理者应重视学术活动，带头进行科学研究，在师生中起示范作用。

第二，在教师和技术人员中广泛宣传，讲明开展科学研究的重要性和必要性，引导大家明确其目的和意义，并积极自觉地参加科学研究。

第三，组织科研骨干队伍，开展老教师对年轻教师的"传""帮""带"活动。骨干教师要带领一般教师和技术人员，建设一支老、中、青结合的科研队伍，提高科研水平，以提高社会效益和经济效益。

第四，有计划地定期组织各类学术活动，开展科研成果交流活动，对科研工作成绩突出者和优秀者给予物质和精神奖励，提高大家开展科研活动的积极性。

（五）教育激励法

教育激励法是教育方法与激励手段的有机结合，是激发高职院校全体教师为实现管理目标而进行工作的自觉性与积极性的重要手段。运用教育激励法应做到以下几点。

1.要有实事求是的精神

运用教育激励法的前提是教育，如果不进行教育，就解决不了思想认识问题，激励就会走下坡路，无法发挥应有的作用。利用教育诱因来研究、理解人在现实生活中的需要与矛盾是基础，如果不把解决实际困难与矛盾放在首位，教育就会成为一种空谈，无法达到预期效果。因此，要把握好质量与数量这两个问题。教育激励法涉及许多心理学、社会学、行为科学的理论，运用这一方法要注意"质"与"量"两个方面。我们所说的"质"，就是要坚持准确、公平的原则，要把问题弄清楚，采用正确的方法，还要做到公道，以理服人。我们所说的"量"，是指掌握适当的刺激数量，刺激过多或过少都不利于调动或保持教师的积极性。

2.要有艺术的品位

所谓艺术，主要体现在对教育激励的时间把握和形式转换方面。在时间把握上，既不能急于求成，操之过急，又不能拖延，把一种教育活动拖得太久。在形式转换方面，要注意把教育与奖励紧密结合起来，防止脱节。

党的十九大报告强调了建设教育强国是中华民族伟大复兴的基础工程，要求全面贯彻党的教育方针，落实立德树人的根本任务，发展素质教育，推进教育公平，培养德、智、体、美、劳全面发展的社会主义建设者和接班人；要求以培养担当民族复兴大任的时代新人为着眼点，发挥社会主义核心价值观对国民教育、精神文明创建以及精神文化产品创作、生产、传播的引领作用。因此，高职院校必须建立行之有效的教育管理体系，使用适当的办法，才能够为社会主义现代化建设输送高质量人才，承担新时代赋予的重任。

第二章　高职教育教师
培养管理创新

第一节　高职教师的职责与素质

高职教师是高职院校教育能力的决定因素，因此，加强高职教师管理是提高人才培养质量的重要途径。为了更好地管理高职教师，必须充分了解高职教师，并建立起一个充满活力的高职教师管理系统，以形成一支结构合理、素质优良、积极向上的教师队伍。

高职教师管理是以高职教师为对象的管理活动。为了在高职教师管理工作中得到更多教师的支持，管理人员应该正确认识自己的管理对象，明确教师的职责和素质。

一、高职教师的职责

（一）教书育人

《中华人民共和国教师法》规定："教师是履行教育教学职责的专业人员，承担教书育人，培养社会主义事业建设者和接班人、提高民族素质的使命。"由此可知，教书育人是教师的职责之一。教师首先必须坚持遵守宪法、法律和职业道德，贯彻国家的教育方针，遵守规章制度，具有较高的政治觉悟、学术水平、教学能力和责任感。教师要把教学过程看作学生德、智、体、美、劳全面培养和个性健康发展的过程，努力实现最佳教学效果。

（二）科学研究

新时代，高职教师的任务不仅仅是培养专门人才，而且必须在搞好教学工作的同时，努力开展科学研究，以培养高素质技术技能人才。高职教师只有通过科学研究，不断探索和掌握本学科领域最新发展动态，才能不断提高自己的学术水平，及时更新教学内容，提高教学质量。另外，教师在传授知识的同时，还要引导学生独立掌握知识和创造性解决问题，以提高学生的实践能力、创造能力，培养德、智、体、美、劳全面发展的社会主义建设者和接班人。

（三）社会服务

社会服务作为现代大学的三大功能之一，高职院校是践行该功能的排头兵。社会服务既是高职教育服务于经济社会发展的责任，也是高职院校自身发展的迫切需要。高职教师可用自己的智慧、技能、创新能力等为社会服务。有的高职教师在社会上有一定影响力，所以应当积极参加社会活动，进行社会文化宣传，把党的方针、政策宣传到群众中去。教师还可通过做学术报告、技术成果转让、科学咨询指导、协作攻关和培训人员等为社会服务。新时代的高职教师作为学生的引路人，要全身心地投入到教学和社会服务中去，推动地方经济建设，为经济发展提供人才保障和智力支持，注入活力，实现社会的全面协调与可持续发展。

二、高职教师的素质

"素质"一词原是心理学名词，后来被人们应用到其他研究领域。素质也可解释为对从事某一职业的人在知识、能力、情感等方面的要求。

教师是以教育为生的职业，也是人类社会最古老的职业之一。教师必须具备多方面的素质才能胜任教育工作。教师的素质是直接影响教育事业发展的重要因素。对于教师的素质，不同的时代、不同的历史条件下有不同的要求。大多数学者认为，教师要具备一定的素质才能胜任教育教学工作。高职教师应具备的素质包括职业道德素质、人文素质、专业素质、心理素质、能力素质。

（一）高职教师的职业道德素质

教师是社会主义精神文明建设的主力军，被称为人类灵魂的工程师。教师的职业道德素质直接影响学生的全面发展和健康成长。一名合格的教师，应有科学的世界观、人生观、价值观，具有为教育事业奉献终身的崇高理想和高度负责的敬业精神。教师的职业道德素质是从教师对待事业、对待学生、对待集体和对待自己的态度上体现出来的。

首先，对待事业，教师要忠于人民的教育事业。我国教师从事的是人民的教育事业，为国家培养社会主义建设者和接班人，为社会主义现代化建设培养人才。热爱教育事业是教师做好教育工作的前提，是教师职业道德的基础，也是教师劳动积极性和创造性的源泉。忠于人民的教育事业要求教师做到：依法执教、严谨治教、爱岗敬业、廉洁从教。

其次，对待学生，教师要热爱学生。热爱学生是教师职业道德的核心，是教师高尚道德品质的表现。教师要热爱学生的原因在于：师爱是教师接纳、认可学生的心理基础，是教育好学生的前提；师爱是激励教师做好教育工作的精神动力；师爱是打开学生心扉的钥匙。

再次，对待集体，教师要注意团结协作。人才的培养单靠教师是不行的，因为人才的成长要受到多方面因素的影响。人才的全面成长，是多方面教育者集体劳动的结晶。这就要求教师必须与各方面合作，以便形成教育合力，共同完成培养人才的工作。因此，教师应做到：相互支持、相互配合；严于律己，宽以待人；弘扬正气，摒弃陋习。

最后，对待自己，教师要注意为人师表。教师的言行举止、品德才能、治学态度等方面都会对学生产生潜移默化的影响，成为学生学习的对象。这是由教师劳动的主体性和示范性等特点以及学生的向师性、模仿性和可塑性等特点决定的。因此，教师只有自己具备了良好的道德修养，才能有力地说服学生、感染学生、教育学生。

（二）高职教师的人文素质

教师是人类文明的传承者、先进文化的弘扬者，承担着传播人类优秀文化的重要任务。教师的人文素质就是教师所具有的人文精神及在日常教学活动中体现出来的思想、道德、情感、心理、性格、思维模式等。教师的人文素质表现为教师在日常教学和管理活动中对学生的尊重和对学生成长的关心，表现为教师教书育人的强烈责任感和历史使命感。关心学生生活、促进学生发展是教师区别于其他社会角色的职业特征，也是教师人文素质的核心。支撑和服务于这个核心的是教师的人文知识、人文素质等。

高职教师只有具备相当的人文素质、人文知识，才能挥洒自如地立足讲坛，将人文与科学在教学中相互渗透，培养更多的高素质技术技能人才。

（三）高职教师的专业素质

教育质量的高低在很大程度上取决于教师的素质。因此，高职教育改革的重点在于提高高职教师队伍的整体素质和个体的专业素质。高职教师应具备以下专业素质。

1.研究能力

高职教师这一群体的专业水平是通过每一位教师的专业水平体现出来的。教师的职业生涯是一个连续的专业发展过程，也是终身教育的过程，即集职前教育、岗前培训和职后继续教育于一体的教育过程。高职教师不仅要掌握专业知识，还要有一定的理论研究能力，能够不断学习、借鉴新的研究成果，丰富自己的专业知识，不断完善自我。

2.实践教学能力

实践教学是高职教育的一个重要环节，实践能力培养是高职教育的重要特色。职业教育与普通教育不同，侧重于实践技能和实际工作能力的培养。因此，高职教师必须具有较强的实践教学能力，才能培养出更多高素质劳动者和技术技能人才。具备较高的理论知识水平和较强的实践教学能力的高职教师，往往更能适应新时代高职教育发展的要求。

（四）高职教师的心理素质

1.健康的人格

人格在心理学上也称"个性"，指个人稳定的心理品质。人格包括两个方面，即人格倾向性和人格心理特征。人格倾向性包括人的需要、动机、兴趣和信念等，决定着人对现实的态度和选择；人格心理特征包括人的能力、气质和性格等，决定着人的行为方式。由于人的遗传素质尤其是社会实践活动能力各不相同，人与人之间在人格倾向性和人格心理特征方面各不相同，形成不同的人格，即个别差异。这种个别差异不仅表现在人们是否具有某种特点上，而且表现在同一特点的不同水平上。不同职业对人格特质和模式的要求也有所不同。高职教师应有健康的人格，才能以身作则。

2.良好的情感

高职教师应有良好的情感，主要表现在以下几方面：

①真诚。高职教师应真诚对待学生，努力成为学生的知心朋友，以更好地关心学生、爱护学生。

②乐观。面对挑战和挫折，教师要积极乐观地面对，以自己的信心、克服困难的勇气、乐观的情绪和坚强的意志去感染学生，增强学生直面困难、克服困难的勇气。

③进取。教育是一项复杂的、艰巨的、长期的工作。高职教师对于人生目标不懈的追求，对教育教学工作不懈的探求等，将会对学生产生潜移默化的影响。

④宽容。学生在成长的过程中难免会犯一些错误，作为教师，要给予学生宽容，耐心地帮助学生改正缺点，不可过多责怪学生。学生犯错误时，教师应给予提醒和警告；学生有进步时，教师应进行鼓励和支持。这才是对学生最好的教育。

3.坚强的意志

高职教师应该具备坚强的意志，在困难面前不轻易低头，积极面对困难、解决困难。

4.浓厚的职业兴趣

高职教师要对自己的职业有浓厚的兴趣，只有热爱职业教育，真心爱护学生，才能做好高职教育教学工作。教师的职业兴趣是推动教师孜孜不倦进行教育教学探索，积极工作的动力。高职教师要增强责任感和使命感，科学指导学生学习，积极与学生交往，使学生的潜力得到充分发挥。

（五）高职教师的能力素质

职业能力是高职教师以优良乃至完美的教学手段与教育方法完成职业活动的能力。高职教师的职业能力包括教学能力、教育能力、班级管理能力。

1.教学能力

①语言表达能力。高职教师的教学过程是传播人类文明、科学技术和生产技能的过程。语言是课堂教学最常用的手段，教师通过语言向学生传授知识、讲解道理。学生往往通过教师优美、流畅的语言体会到教师的谆谆教诲，向教师学习知识和技能。教师高超的语言驾驭能力，是使教育教学过程得以顺利进行的保证。

②书面表达能力。高职教师的教学和研究活动都离不开书面写作，因此高职教师需掌握一定的书面表达能力，以清楚准确地表达自己的思想。

③掌握和运用教材的能力。高职教师必须熟悉并掌握自己所任课程的教材，能把握教材的重点、难点，能熟练运用教材，只有做到这些才能在教学过程中传授正确的知识、技能，实现教育目标。

④组织课堂教学的能力。高职教师要有组织课堂教学的能力，能运用科学的方法导入新课，吸引学生的注意力，激发学生学习的兴趣；用生动形象的语言传达教学信息，营造良好的课堂氛围，使学生深入理解教学内容；要有一定的应变能力，能够处理好突发情况，合理地控制教学进程，灵活运用教学方法，保证课堂教学的正常进行。

⑤实践动手操作能力。高职教师既要能传授理论知识，还要能指导学生进行实践，以提高学生的实践能力。因此，高职教师要有丰厚的专业知识储备，要有一定的实践动手操作能力。

2.教育能力

教育的目的是培养和造就对社会有用的人。因此，教育、引导学生树立正确的世界观、人生观、价值观是教师的重要任务。高职教师要能够引导学生探索新事物，通过丰富多彩的班级活动丰富学生的课余生活，寓教于乐，从而使学生获得德、智、体、美、劳的全面发展。

3.班级管理能力

班级是学校的基本单位，学校的教育、教学活动是通过班级实现的。高职教育的班主任一般是由任课教师担任的，因此，高职教师还应该具备班级管理能力。班主任是班集体的组织者和教育者，是学生德、智、体、美、劳全面发展的指导者。班级管理就是千方百计地调动学生参与班级管理的主动性和积极性，使学生成为学习、生活和班务管理的主人。教师具有良好的班级管理能力是促进学生全面发展的重要保证。

第二节　高职教师的选拔与任用

为了保证高职教育师资队伍的连续性、继承性以及结构的合理性，高职院校需要不断补充一定数量的教师。因此，做好高职教师的选拔与任用工作，是高职教师管理工作的重要内容。

一、高职教师的选拔

高职教师的选拔应遵循以下原则。

（一）任人唯贤的原则

在高职教师选拔工作中，应该遵循任人唯贤的原则，坚决反对任人唯亲，录用有真才实学的人才。师资管理部门的负责人及员工要有较强的事业心与责任感，在选拔教师时要大公无私、不徇私情，要广为选才、善于识才，要从思想品德、工作作风到教学、科研能力与水平，从兴趣特长到身体素质各个方面对人才进行考查，以把真正优秀的人才选拔到合适的教师岗位上来。只有任人唯贤、不拘一格，才能人尽其才、才尽其用。

（二）学用一致的原则

学用一致指的是被录用对象所学的专业、所具有的特长，要与录用后承担的职务、职责一致。学用一致，用其所长，有利于发挥高职教师的积极性、创造性，也有利于高职教师做好教育教学工作。同时，学校领导及相关人员也要积极培养"双师型"教师。

（三）整体优化的原则

教师结构是指各级各类学校教师队伍的构成状况，包括教师的专业构成、教育程度构成、学历构成、职称构成、年龄构成和性别构成等。教育主要是通过教师进行的，合理的教师结构是合理教育结构的重要条件。因此，高职院校在选拔教师时，不能只注意眼前和局部的需要，还要考虑教师队伍整体和长远发展的需要，要全面衡量教师队伍结构。

二、高职教师的任用

如果不能正确地任用教师，不管教师的能力多高、条件多好，也难以使其充分发挥作用。

正确了解教师是任用教师的前提。师资管理者要了解各级各类教师的思想品德、工作能力、工作成绩、发展潜力、性格、爱好等，以更好地任用教师。任用教师应遵循以下原则。

（一）职才相应的原则

相关部门及人员在安排教师工作时，要使所安排的岗位与教师的业务能力相适应，使每个教师承担最适合他的工作，使每项工作都由能胜任它的教师去做，使人力资源得到最大优化。教师职务是根据学校所承担的教学和科研任务的实际需要设置的。由于工作任务的性质、难度、数量各不相同，教师的工作岗位往往也有所差别。因此，在任用教师时，应坚持职才相应的原则，使得教师在其位谋其政，在其职尽其责。

（二）用其所长的原则

相关部门及人员在安排教师工作时，应尽量发挥每个教师的长处和优势，避免其短处和劣势，只有这样，才能最大限度地发挥每个教师的才能，做到人尽其才、才尽其用。每个高职教师都具有一定的才能，但每个人才能的特点和大小不同，如有的教师擅长理论讲授，有的教师擅长指导实践教学，有的教师擅长教学管理，有的教师擅长科研等。在任用教师时，应综合考虑这些因素，用其所长，避其所短。否则，如果让善于教学的教师去当研究人员，或者把学有专长而缺乏组织能力的教师安排到行政工作岗位，那就是用人不当，就会造成人才的浪费。

要充分发挥教师的潜力，除了合理安排工作岗位外，还应该采取一系列有效的措施，调动他们的积极性。

第一，政策保证与机制引导。要充分尊重和信任教师，这是高职教师管理工作基本政策的出发点和指导思想。各级管理者都应尊重知识、尊重教师，要关怀教师，积极为他们改善工作条件和生活条件，落实各种待遇。对在教学和科研工作中有突出贡献的教师，要给予一定的精神和物质奖励。

第二，适当激励与环境塑造。激励是调动教师个体和群体积极性的有力手段。针对不同的对象，可采取不同的激励方法。在教师队伍管理工作中，经常采用的激励方法有奖惩激励、目标激励、榜样激励等。合理的激励会产生积极的效果；反之则会产生消极的效果。

教师积极性的高低，不仅受其自身思想觉悟的制约，而且受到周围环境的影响。在一个好的集体中，教师往往会精神振奋，心情舒畅，奋发向上；反之，教师则会情绪低落，消极度日。因此，创造一个良好的环境，不仅有利于教师的成长，也有利于高职院校的发展。

第三节 高职教师职业能力的培养

教师作为一种职业，是以育人为主要目的，而高职教师更是以就业为导向，以培养学生获得高技能为己任。要解决教师职业能力的培养问题，就必须明确教师职业能力的基本要求。

一、高职教师职业能力的基本要求

高职教育作为一种高等教育，以培养高素质技术技能人才为目标，要求学生具有较强的实践能力，因而对高职教师的职业能力提出了较高要求。高职教师职业能力的基本要求主要表现在师德水平、知识水平、能力水平三个方面。

（一）师德水平要求

1.坚持正确的政治方向，具有高度的责任感

教师是人类灵魂的工程师，担负着教书育人的重任，教师的言行影响着学生的世界观、人生观和价值观。因此，高职教师应该坚持正确的政治方向，具有高度的责任感，指导学生坚持正确路线，为祖国的繁荣、发展做贡献。

2.热爱高职教育，爱岗敬业

首先，高职教师要热爱教育事业，对教育工作一丝不苟，为高职教育尽心、尽责、尽力。其次，高职教师应爱岗敬业，精益求精。

3.热爱学生，诲人不倦

教师对学生的热爱是对学生进行成功教育的先决条件，包括对学生的了解、信任和尊重。教师热爱学生总是与热爱自己的事业紧密联系在一起的，是热爱事业的集中体现。教师对学生的热爱是学生学习与发展的催化剂。

4.以身作则，为人师表

教师的道德风范对于学生的影响，既有直接作用，也有间接作用。教师不仅要向学生传授有关道德规范，对学生的行为规范提出严格要求，还应以身作则，潜移默化地影响学生。

（二）知识水平要求

1.深厚的专业知识

实践表明，基础理论深厚的教师，适应能力强，善于解决教学、科研工作中出现的问题。现代科学技术和生产的发展，要求高职教育培养的人才具有较强的适应能力、实践能力和创新能力，这就要求教学与实践、教学与科研紧密结合。因而，高职教师要有更高的基础理论水平和较强的科研能力、实践能力、创新能力。

2.宽广的相关学科知识

作为高职教师，不仅要精通专业知识，而且要有较宽的知识面，要熟悉相关学科的基本知识。在国家重大战略需求的驱动下，多学科交叉会聚与多技术跨界融合将成为常态，并不断催生新学科前沿、新科技领域和新创新形态。从国家急迫需要和长远需求出发，加紧布局多学科交叉会聚的战略方向，既是应对变局、开拓新局的需要，也是面向未来、决胜未来的需要。因此，高职教师应掌握大量的相关学科知识。

3.必要的教育理论知识

高职教师应具有必要的教育理论知识，主要是教育学、心理学的基本知识和高职教育的基本规律、基本特征等。如果说高职教师精通所任课程的理论知识是解决教什么、培养哪些方面的专业人才的问题，那么掌握教育理论知识，懂得教育教学规律，就是解决如何教、怎么培养人的问题。教育教学是十分复杂的过程，要求教师深刻地理解和掌握教学活动的规律、教学和教育的原理与方法等，并把这些理论与方法灵活运用到实际工作中去，以使教学和教育工作取得明显成效。

（三）能力水平要求

1.教学能力要求

教学能力是指高职教师组织教学和实施教学的能力。高职教师除了要具有一定的驾驭教材的能力和语言表达能力，还要会运用现代教育技术。掌握和运用现代教育技术是现代教育对高职教师提出的新要求，也是高职教师必备的教学基本功。高职教师肩负着培养高素质技术技能人才的重任，更需要积极创造条件，熟练掌握和运用现代教育技术，努力提高高职教育质量和效益。

2.科研能力要求

科研能力是高职教师必须具备的能力。开展科学研究是提高教师整体素质的重要手段，以科研促进教学，以教学带动科研，在教学中发现问题，在研究中解决问题，可以有效提高教师的各项素质。

①高职教师要具备一定的科学开发能力。教师要能主持科技项目，能跟踪本学科的发展方向，运用所学知识解决生产建设中遇到的实际问题，为社会和企业服务。高职教师科研开发能力主要是指科技服务开发能力。

②高职教师要具有通过科研来提高教学水平的能力。教师要通过科学研

究，不断丰富、更新自己的知识，提高学术水平，从而深化、丰富教学内容，提高教学水平。教师要用自己的科研思想、科研方法以教学中出现的新课题去激发学生强烈的创新欲望，促进学生科研能力的提高、创造性思维的培养。

③高职教师要具有撰写学术论文、编写教材、进行学术交流的能力。学术交流、知识贡献是高职教师的重要职责，学术研究更是高职教师生存与发展的基本要求。通过撰写学术论文和编写教材，教师可以达到两个目的：一是能够有效、及时地将自己的科研成果、教研心得归纳总结出来，贡献给社会，推动社会经济文化的发展；二是通过撰写学术论文，可以了解当前学科的前沿和动态，看到自己存在的差距和不足，促进自己学术水平的提高。

3.实践能力要求

实践能力是高职教师必须具备的重要能力之一。实践能力表现为实际动手能力和指导实践教学能力两部分。

①高职教师要具有本专业要求的实际动手能力，如专业设计能力、现场解决问题能力、解决疑难（技术）问题能力、组织管理能力等；要能够操作本专业的技术设备，能顶岗工作，了解与本专业相关的加工、制造、检测等常规设备及常用现代实验设备的性能等。

②高职教师要具备指导实践教学能力。高职教育的人才培养目标是高素质技术技能人才。在教学环节上，强调实践教学，注重提高学生的实践能力；在办学模式上，强调产学合作教育，要求教师能根据社会发展变化，把教学工作同解决经济和社会发展中的实际问题紧密结合起来。教师要能够独立指导专业毕业设计、课程设计、专业实习、实验等教学环节，要能有效组织第二课堂活动，能够指导学生进行社会实践活动。

4.创新能力要求

培养创新型人才是高职教育的重要目标之一。培养创新型人才首先要求教师创新，教师自身是否具有较强的创新能力，对学生能否获得创新能力将产生决定性的影响。

高职教师的创新能力分为一般创新能力和职教创新能力两个层次。一般创新能力是指教师职业共性的创新能力，包括专业的创新、学科专业知识的创新、教育教学条件性知识的创新、教学基本技能创新等。职教创新能力是指高职教师将专业对应岗位的核心素养、技能标准以及行业发展的最新成果等引进、转化和应用于教学改革、应用研究和社会服务的创新能力。职教创新能力因为融合了高等职业教育的高等性、职业性和技术性而成为高职教师创新能力的核心。

二、高职教师职业能力培养的具体途径

高职教师职业能力培养的目的，应该在积累相关的职业实践和教学实践的基础上，使高职教师既具备相关专业科学知识和职业工作过程知识，又具有相关教育科学、职业教育教学方面的知识。高职教师职业能力培养的具体途径主要可从以下几方面来说。

（一）教师能力结构培养

1.加强对教师的资格培养

高职院校鼓励专业教师取得相关专业技术资格证书、职业技能等级认定考评员资格，参加教育部组织的教师专业技能培训且获得合格证书等。高职院校也可组织教师参加高职高专教育师资培训等。

2.加强教师的在职培养和培训，提高教师的实践能力

高职院校可定期开展各种形式的国内外师资培训，在条件许可情况下，派

遣教师到职业教育发达的国家学习先进的职教理念和职教理论；有计划地组织专业教师深入生产一线开展调研，进行业务实践，参与企业技术攻关和科研课题等。此外，高职院校还可通过顶岗实习、脱产、半脱产等多种方式，选派教师到相关企业实践，让教师直接参加企业实际工作，熟悉并掌握相关的、典型的职业工作任务和职业工作过程的经验与知识、最新技术和管理信息，并把行业和技术领域的最新成果引入教学。

3.通过职业教育理论培训来提高教师的教育水平

高职院校可有计划地分期分批对教师进行高职教育理论的培训，以提高高职教师教育理论水平。

（二）教师教学设计能力的培养

教学设计就是指运用系统的方法分析教学中存在的问题，确定教学目标，建立解决问题的策略方案，试行解决方案，评价试行结果，并对方案进行修改的全过程。教学设计的根本目的在于通过对教学过程和教学资源所做的系统安排，创设各种有效的教学系统，以促进学生的学习。现代职业教育的教学设计要求打破以知识传授为主要特征的传统学科课程模式，以工作任务模块为中心，遵循"以能力为本位，以职业实践为主线"的原则，建立以工作过程为导向的课程体系。高职教师要想培养教学设计能力，除需参加与职业有关的教育过程的教学设计与实施，在具体的教学活动中，在熟练掌握职业工作任务和职业工作过程的基础上，运用职业教育学和职业教学论，开发职业教育课程，并能根据自己的教学实践开展教学研究，还需始终保持与企业最新职业情境的紧密接触，始终保持对职教理论最新发展的跟踪学习，始终保持对教学实践最新改革的不断反思，来促进自身专业素养的不断提高。

（三）教师心理素质的培养

实践证明，教师强烈的事业心、崇高的责任感、良好的师德修养是有效开展职业教育的前提。因此，高职院校要重视教师的心理素质，采取措施适时适度地调节教师的心态与情绪，努力为教师营造一种良性竞争的工作氛围，创建一个平等、团结、温馨的学校环境；努力创造良好的物质环境，改善教师的工作条件和生活条件，切实减轻教师的工作负荷和精神压力。此外，高职院校在抓师德建设的同时，要努力提高教师的生活水平和福利待遇，加强教师的职业认同感。

高职院校还应在教师中普及心理健康知识，开办面向教师的心理健康知识讲座，制订和实施符合本校实际的教师心理辅导计划，为每一位教师建立心理档案，定期或不定期地为在职教师进行心理健康测试。此外，高职院校也可邀请心理专家讲课，并有针对性地采用集体心理辅导、个体心理咨询等措施，帮助教师正确面对心理挫折，解决心理困惑。

第四节　加强高职院校的
"双师型"教师培养

教师队伍是发展职业教育的第一资源，是支撑新时代国家职业教育改革的关键力量。建设高职院校的高素质"双师型"教师队伍是加快推进职业教育现代化的基础工作。改革开放以来，特别是党的十八大以来，职业教育教师培养培训体系基本建成，教师管理制度逐步健全，教师地位待遇稳步提高，教师素质能力显著提升，为职业教育改革发展提供了有力的人才保障和智力支撑。但是，与新时代国家职业教育改革的新要求相比，高职院校的教师队伍还存在着数量不足、来源单一、校企双向流动不畅、结构性矛盾突出、管理体制机制不灵活、专业化水平偏低的问题，尤其是同时具备理论教学和实践教学能力的"双师型"教师和教学团队短缺，已成为制约高职教育改革发展的瓶颈。目前，高职教育对建设"双师型"师资队伍的重要性已有了明确认识。

一、"双师型"教师的内涵

对于"双师型"教师，有的学者将其概括为两种：第一种是"双职称型"，即教师在获得教师系列职称外还需要取得另一职称；第二种是"双素质型"，即教师既要具备理论教学的素质，也应具备实践教学的素质。

而有的学者则将"双师型"教师概括为三种：第一种是"双证书论"，认为具有工程师、工艺师等技术职务的人员，取得教师资格并从事职业教育教学工作，即为"双师型"教师；第二种是"双能力论"，认为既能胜任理论教学，又能指导学生实践的教师，就可看作"双师型"教师；第三种是"双融合论"，既强调教师持有"双证"，又强调教师"双能力"。

综上可知，教育界对"双师型"教师的理解，一是停留在字面解释上，二是表现为较有理性的综合解释。

在高职院校，对"双师型"教师概念的理解停留在字面上的不乏其人，简单地说，"双师型"教师就是"双证"教师或"双职称"教师，即"教师＋中级以上技术职务（或职业资格）"，如"教师＋技师（会计师、律师、工程师等）"。

根据《国家职业教育改革实施方案》可知，"双师型"教师即同时具备理论教学和实践教学能力的教师。

二、"双师型"教师的认定标准

"双师型"教师的认定标准是职业教育师资引进、聘用、考核、评价和培养培训的重要依据。因此,"双师型"教师的认定标准也是政策制定者、执行者、研究者以及高职院校教师共同关注的焦点,围绕这个问题的文献和研究成果也比较多见。笔者下面以《北京市职业院校"双师型"教师认定办法》《安徽省高等职业院校"双师型"教师认定标准(试行)》为例来谈谈"双师型"教师的认定标准。

从《北京市职业院校"双师型"教师认定办法》可知,"双师型"教师认定的对象是普通中等专业学校、职业高中学校和高等职业院校专任教师中的专业课教师;"双师型"教师认定的有效期为5年,有效期满后需要重新认定。

"双师型"教师认定条件分为基本条件和实践教学能力的认定条件。

关于基本条件,主要有以下三点:教师认定对象上一年度师德考核须达到合格及以上档次;认定对象须取得相应的教师资格证书,作为理论教学能力的必备条件;认定对象是新入职教师的,试用期满并考核合格。

关于实践教学能力的认定条件,专业课教师满足下列条件之一:取得与所从事教学专业相关的中级及以上职业技能等级证书或职业资格证书或非教师系列的专业技术职务证书;有累计3年以上与所从事教学专业相关的行业企业从业经历;近5年参加省级或国家级职业院校"双师型"教师培养培训基地组织的连续不少于4周的"双师型"教师培训,其中含连续不少于2周的企业实践活动,并取得"双师型"教师培训合格证书;近5年本人参加省级及以上技能大赛并获得省级以上奖项;近5年取得与所从事教学专业相关的省级以上专业技能考评员资格；近 5 年指导学生参加国家级及以上技能大赛，并获得国家级三等奖及以上奖项；其他相当的、与专业实践能力密切相关的经历或应用于生产领域的专利等成果。

《安徽省高等职业院校"双师型"教师认定标准（试行）》细分了"双师型"教师的认定标准。

（一）校内专任教师申请认定"双师型"教师条件

1.初级"双师型"教师

具有高校教师系列中级及以上专业技术职务，并同时具备下列专业实践能力条件之一。

①具有本专业或相近专业非教师系列初级及以上专业技术职称。

②具有从事本专业或相近专业的高级技能（三级）职业资格证书。

③具有从事本专业或相近专业的行业特许资格（执业资格）证书并参与行业企业具体案例、项目等工作。

④具有从事本专业或相近专业国家职业技能鉴定中级及以上考评员资格证书。

⑤近五年中有 1 年以上（可累计计算）在企业第一线从事本专业实际工作经历，能指导学生专业实践实训活动。

⑥近五年主持或主要参与（前 3 名）为企事业单位开展的各类技术研发和相关服务，成果已被企业使用，效益良好。

⑦本人在 B 类及以上赛事中获得优秀奖，能全面指导学生专业实践活动；或近三年指导学生参加 B 类赛事取得一等奖以上；或近三年指导学生参加 A 类赛事取得三等奖以上（A、B 类赛事依据皖教秘〔2014〕1 号文件分类）。

⑧参加省级及以上教育部门师资培训基地组织的"双师"教师培训，完成

规定的培训内容，掌握相应专业的关键技能经考核合格并取得合格证书。

2.中级"双师型"教师

具有高校教师系列中级及以上专业技术职称，并同时具备下列专业实践能力条件之一。

①具有本专业或相近专业非教师系列中级及以上专业技术职称。

②具有从事本专业或相近专业的高级技能（三级）职业资格证书，并在近五年内，有一年以上企业（或社会）实践工作经历。

③具有从事本专业或相近专业技师（二级）及以上职业资格证书。

④具有从事本专业或相近专业国家职业技能鉴定高级考评员资格证书。

⑤具有从事本专业或相近专业的行业特许资格（执业资格）证书并且每年承担行业企业具体案例、项目等工作1项以上。

⑥有五年以上企业第一线专业技术工作经历，能全面指导学生专业实践实训活动。

⑦近五年主持或主要参与（前3名）2项及以上为企事业单位开展的各类技术研发和相关服务，成果已被企业使用，效益良好。

⑧本人在B类及以上赛事中获得一等奖以上，或本人在A类赛事中获得三等奖以上，能全面指导学生专业实践活动，或近三年指导学生参加A类赛事取得一等奖以上。

3.高级"双师型"教师

①具有高校教师系列中级以上专业技术职称且具有本专业或相近专业非教师系列高级专业技术职称；或具有高校教师系列高级专业技术职称且具有本专业或相近专业非教师系列中级以上专业技术职称。

②具有高校教师系列高级专业技术职称，并同时具备下列专业实践能力条件之一。

第一，具有从事本专业或相近专业的高级技能（三级）职业资格证书，并在近五年内，有三年以上企业（或社会）实践工作经历。

第二，具有从事本专业或相近专业技师（二级）职业资格证书，并在近五年内，有一年以上企业（或社会）实践工作经历。

第三，具有从事本专业或相近专业高级技师（一级）职业资格证书。

第四，具有从事本专业或相近专业的行业特许资格（执业资格）证书者并且每年承担行业企业具体案例、项目等工作 2 项以上。

第五，本人在 A 类赛事中获得一等奖以上，能全面指导学生专业实践实训活动。

第六，有十年以上企业专业技术工作经历，主持或主要参与（前 3 名）5 项及以上为企事业单位开展的各类技术研发和相关服务，成果已被企业使用，效益良好。

（二）校外兼职教师申请认定"双师型"教师条件

1.初级"双师型"教师

具有非教师系列中级专业技术职称，并同时具备高等学校教师资格。

2.中级"双师型"教师

具有非教师系列中级专业技术职称，并取得本专业高等学校教师系列中级专业技术职称。

3.高级"双师型"教师

具有非教师系列高级专业技术职称，并取得本专业高等学校教师系列中级专业技术职称；或具有非教师系列中级以上专业技术职称且具有本专业高校教师系列高级专业技术职称。

三、高职院校"双师型"师资队伍建设的措施

为了进一步推动高职院校的"双师型"教师队伍建设，笔者从以下几方面进行研究。

（一）建设分层分类的教师专业标准体系

教师标准是对教师素养的基本要求。只有坚持标准，才能确保质量。高职院校应建立层次分明，覆盖公共课、专业课、实践课等各类课程的教师专业标准体系；通过健全标准体系，规范教师培养培训、资格准入、招聘聘用、职称评聘、考核评价、薪酬分配等环节，推动教师聘用管理过程科学化；引进第三方职教师资质量评价机构，不断完善职业教育教师评价标准体系，提高教师队伍专业化水平。

（二）构建以职业技术师范院校为主体、产教融合的多元培养培训格局

高职院校可加强与师范院校的合作，开展在职教师的双师素质培训。此外，还要注意发挥行业企业在培养"双师型"教师中的重要作用。高职院校可联合行业企业培养高层次"双师型"教师。

（三）完善"固定岗＋流动岗"的教师资源配置新机制

高职院校可在现有编制总量内，盘活编制存量，优化编制结构，向"双师型"教师队伍倾斜。高职院校可根据自身特点，优化岗位设置结构，适当提高中、高级岗位设置比例；优化教师岗位分类，落实教师从教专业大类（类）和

具体专业归属，明确教师发展定位；建立健全职业院校自主聘任兼职教师的办法；设置一定比例的特聘岗位，畅通高层次技术技能人才兼职从教渠道，规范兼职教师管理；实施现代产业导师特聘岗位计划，建设标准统一、序列完整、专兼结合的实践导师队伍，推动形成"固定岗＋流动岗"、双师结构与双师素质兼顾的专业教学团队。

（四）建设"国家工匠之师"引领的高层次人才队伍

高职院校可实施职业院校教师素质提高计划，分级打造师德高尚、技艺精湛、育人水平高超的教学名师、专业带头人、青年骨干教师等高层次人才队伍；通过跟岗访学、顶岗实践等方式，重点培训青年骨干教师；加强专业带头人领军能力培养，以培育一大批首席专家。

（五）创建高水平结构化教师教学创新团队

高职院校可优化结构，统筹利用现有资源，实施教师教学创新团队境外培训计划，组织教学创新团队骨干教师分批次、成建制赴国外研修访学，学习国际"双元制"职业教育先进经验，以打造高素质"双师型"教师教学创新团队。高职院校应积极对接本区域重点专业集群，促进教学过程、教学内容、教学模式改革创新，实施团队合作的教学组织新方式、行动导向的模块化教学新模式，建设教师教学创新团队。

（六）聚焦1+X证书制度，开展教师全员培训

高职院校应全面落实教师5年一周期的全员轮训制度，根据职业教育教学改革需求，推进1+X证书制度试点工作，探索适应职业技能培训要求的教师分级培训模式，培育一批具备职业技能等级证书培训能力的教师。此外，高职院

校应把国家职业标准、国家教学标准、1+X 证书制度和相关标准等纳入教师培训的必修模块，发挥教师教学创新团队在实施 1+X 证书制度试点工作中的示范引领作用，全面提升教师信息化教学能力，促进信息技术与教育教学融合创新发展。

（七）建立校企人员双向交流协作共同体

高职院校可依托职教园区、职教集团、产教融合型企业等建立校企人员双向交流协作共同体，健全高技能人才到职业学校从教制度，聘请一大批企事业单位高技能人才、能工巧匠、非物质文化遗产传承人等到学校兼职任教。高职院校还可与企共建教师发展中心，在教师和员工培训、课程开发、实践教学、技术成果转化等方面开展深度合作。此外，高职院校还可联合行业组织，建设教师企业实践基地和兼职教师资源库。

（八）深化突出"双师型"导向的教师考核评价改革

高职院校应积极建立行业企业、培训评价组织多元参与的"双师型"教师评价考核体系，将师德师风、工匠精神、技术技能和教育教学实绩作为职称评聘的主要依据。此外，高职院校还可引入社会评价机制，改革教师职称制度，完善考核评价的正确导向，强化考评结果的激励作用。

第三章　高职教育学生管理工作创新

第一节　高职学生管理的基本要求

高职学生是高职教育的主体，高职学生管理是高职教育管理的重要内容。高职学生管理的基本要求如下。

一、突出管理的职业性

高职学生常规管理工作，必须紧扣高职教育的培养目标，因此，应突出管理的职业性。首先，管理者要确立与高职教育相适应的管理思想，制定实施细则和具体要求；其次，管理者要树立符合高职教育规律的现代学生观；最后，要建设一支适应高职教育要求的学生管理队伍。管理人员应努力掌握高职教育的规律，了解高职学生的特点，在管理中增强管理的适应性和有效性，突出管理的职业性。

二、增强管理的规范性

建立健全高职学生管理工作的规章制度，是使高职学生管理工作有章可循的重要保障。建立健全高职学生管理工作的规章制度时，要全面考虑其适用范围和作用机制。此外，高职院校还应根据国家教育行政部门的有关规定和要求，针对本校的具体情况和学生特点，制定一套校规校纪，使学生的各项活动有章可循。

三、保证管理的严格性

高职院校对学生的管理，要强调一个"严"字，只有从严治校，严格管理，才能培养出高质量的人才，才是对党负责，对学生负责，所以严格管理是一条基本原则。严要严得合理，严得科学。对学生管理工作中出现的各种问题，管理人员既要分清是非，又要耐心教育，把握宽严的分寸，严在理上，使学生明白严是爱，松是害，从而自觉地遵守制度，真心实意地服从管理。

在落实规章制度的过程中，管理人员要严格按照规章制度办事，但并不是说越严越好，而要根据学生生理、心理的特点和教学规律适时调整严的程度。

四、提倡管理的人性化

对高职学生的管理，要发挥学生的主体性，体现管理的人性化。高职院校要着重培养学生的自我管理能力，发挥学生在管理工作中的作用。要想提高学生的自我管理能力，高职院校首先要使学生深刻理解和正确认识自我管理的重要意义，明确自我管理的目的。

第二节　高职学生常规管理工作

高职学生常规管理工作主要有学生学籍管理、学生考试考核管理、学生行为规范管理、学生安全教育及管理等。

一、学生学籍管理

《高等专科学校、高等职业学校和成人高等学校教学管理要点》指出："学籍管理的基本内容包括对学生的入学资格、在校学习情况及学籍变动、毕业资格的检查、考核与管理。学校应依据上级有关规定，制订本校的学籍管理办法，并建立学籍档案。"

（一）学生注册制度的改革与管理

学生注册是学籍管理最基本的手段之一，要维护学校注册制度的严肃性，建立严格的学期注册制度。在注册制度的基础上，高职院校可结合自身的实际情况，积极探索建立具有高职教育特色、适合行业岗位特点要求的以弹性制（包括学分制、选课制、导师制、辅修制、弹性学期制）为基础的教学管理制度和教学运行机制，更好地适应学生与社会对教育教学的多样化需求，不断提高高职教育人才培养质量。

（二）课程的必修与选修管理

高职教育各专业教学计划所设置的课程一般分为必修课和选修课两大类。必修课一般包括公共类必修课、专业类必修课和实践课。必修课缺修任何一门课程或成绩不及格，学生都不能毕业。选修课一般包括专业类选修课和公共类选修课，对这两类选修课，高职教育也要有课程门数限制或学分限制。

（三）升学、降级、休学、复学、退学管理

1.升学、降级管理

学生学完本学年教学计划规定的课程或学分，经考核成绩合格，准予升级。学生在一学期中，必修课和专业类选修课不及格，学分数达到该学期所修课程总学分的1/3及以上，不足1/2，或累计不同学期不及格课程门数3门，编入下年级学习（已取得的学分仍然有效）或跟班试读。必修课和专业类选修课不及格学分数达到该学期所修课程总学分的1/2及以上，降级付费重读（已取得的学分仍然有效）。

2.休学管理

学生可以分阶段完成学业，学生在校最长年限不得超过学制所规定的年限两年。学生休学一般以一年为期，累计不得超过两年。

学生有下列情况之一，应予以休学：

①由学校指定的医院诊断后，经校医证明，因病应停课治疗休养占一学期总学时三分之一以上者（因病休学经学校批准，可连续休学两年）。

②因其他原因（含在校期间创业）不能坚持正常学习，系（部）认为应当休学者。

学生休学按下列规定办理：

①学生本人申请休学的，由学生填写休学申请表（因病休学的需附医院诊断材料和校医证明），家长签字，系（部）签署意见由学籍管理部门审批。

②休学学生必须办理休学手续离校，其在校户口不予迁出，学校保留其学籍。

③学生休学期间，不享受在校生的待遇，不享受助学金、奖学金。

④应征参加中国人民解放军（含中国人民武装警察部队）的学生，可保留学籍至退役后一年。

3.复学管理

休学、保留学籍的学生复学按下列规定办理：

①学生因病休学期满，应于学期开学前向学校申请复学。申请复学时，学生应持复学申请和县级以上医院诊断恢复健康证明及所在地街道（乡）等单位开具的学生行为表现证明等，并交所在系（部）。经所在系（部）和校医院审查，证明确已恢复健康，能坚持正常学习者，由系（部）签署意见到学籍管理部门办理复学手续。

②保留学籍学生在期满前一个月，向所在系（部）申请复学，并附上保留学籍期间所在地街道（乡）政府或接收单位开具的本人行为表现证明，经系（部）审核并签署意见到学籍管理部门办理复学手续。

③学生在休学、保留学籍期间如有严重违法乱纪行为，学校将取消其复学资格。

实行弹性学制的高职教育，应允许学生在校 5 学年内修够总学分。5 学年内如出现特殊情况，需申请休学，并延期毕业。学生因特殊困难等原因需中途停学，但又不符合休学条件的，经本人申请，学校批准，可保留学籍一年。保留学籍的学生不享受在校生和休学学生待遇。保留学籍期满，不办理复学手续者，取消学籍。

4.退学管理

学生有下列情况之一的，应予退学：

①留级一次后，成绩考核再次达到留级条件的。

②学生在校学习时间超过其学制两年的（不含服兵役）。

③休学期满逾期不办复学手续的。

④申请复学审查不合格而不准复学的。

⑤经学校指定医院诊断患有疾病或意外伤残无法继续在校学习的。

⑥超过学校规定期限未注册而又无正当事由的。

⑦未请假离校连续两周未参加学校规定的教学活动的。

⑧本人申请退学，经劝说无效的。按本条规定处理的学生，对学生不是一种纪律处分。

凡因上述原因退学的学生，由学生所在系（部）提出报告，并附有关材料，系（部）签署意见，学籍管理部门审核，报校长办公室决定。对退学的学生，由学校出具退学决定书，送交系（部），系（部）负责送达本人。无法送达者以挂号信寄往家庭所在地并在校内公告（保存挂号回执单），自发布公告之日起，经过 7 天，视作送达，同时报省教育厅备案。

退学学生的善后问题，按下列规定处理：

①退学或因其他各种原因离校的学生，必须从退学通知或处理文件送达或公告之日起在规定时间内办理离校手续，并将档案、户口转回家乡所在地。

②对学满一年但未完成教育教学计划规定内容而退学的学生，学校发给肄业证书。

③退学的学生逾期不办离校手续，由学校有关部门注销其在校各种关系，不发肄业证书。

④未向学校办理任何手续，擅自离校的学生原则上不发给肄业证书和退学证明。

⑤取消学籍、退学、开除学籍的学生，均不得申请复学。

（四）毕业与结业管理

①各系对毕业生进行全面鉴定和审核。鉴定和审核内容包括德、智、体、美等几方面。对符合毕业资格的毕业生，所在系须填报"毕业生资格审核表"，交教务处学籍管理科汇总，教务处长审核后，报主管院长签字，方可取得毕业生资格。

②学生在学校规定年限内，修完教育教学计划规定内容，德、智、体达到毕业要求，准予毕业，由学校发给毕业证书。

③学生在学校规定年限内，修完教育教学计划规定课程，经过毕业前一次性补考仍未达到毕业要求或毕业设计（论文）、毕业答辩（考试）不合格者作结业处理，由学校发给结业证书。

④结业生在结业后满一年应申请补考一次，补考合格达到毕业要求者，换发毕业证书。毕业证书中的毕业时间按发证日期填写。逾期不补考或补考不合格者，不再给予补考机会。

⑤对违反国家招生规定入学者，学校不发给任何形式的学历证书，已发的学历证书由学校追回并报省教育厅宣布证书无效。

⑥毕业证书、结业证书、肄业证书遗失或损坏不能补发。毕业证书遗失，经学生本人申请，登报声明，学校核实后可出具相应的证明书，证明书与原证书具有同等效力。

⑦学校应当执行高等教育学历证书电子注册管理制度，每年将颁发的毕（结）业证书信息报所在地省级教育行政部门注册，并由省级教育行政部门报国务院教育行政部门备案。

二、学生考试考核管理

《高等专科学校、高等职业学校和成人高等学校教学管理要点》规定："凡教学计划规定开设的课程都要对学生进行考核。积极改革考核的内容和方法，着重检查学生掌握所学课程的基本理论、基础知识和基本技能的情况和实际应用能力。鼓励采用试题库或试卷库命题，实行教、考分离。要制定严格的考试制度，严肃考场纪律，精心安排考务工作。对考试作弊者，要依据有关规定严肃处理。试卷评阅要认真、公正、客观。教务处要组织对试卷的复核及抽检工作。"

高职教育要根据上级有关规定，加强对学生考试考核的管理。

①积极鼓励教师改革考试考核内容和方法，逐步建立符合高职教育发展需要的以能力考核为主、常规考试与技能测试相结合的考试考核内容和方法体系。

②教学计划中规定开设的课程（包括实践教学项目）都要对学生的学业成绩进行考核，着重检查学生掌握所学课程的基本理论、基本知识和基本技能的情况和实际应用能力。

③若理论考试采取笔试形式，需实行考、教分离。考、教分离分为校、系两个级别，教务处负责组织实施校级考、教分离，系负责组织系级考、教分离，校系考、教分离课程目录由教务处、系于每学期初公布。要加强对实践教学的考核管理，不论实践教学环节长短，均应安排专门的考核时间，采用笔试、动手操作和答辩等形式，对每一个学生进行考核，并结合平时表现综合评定成绩。

④校、系均应建立相应的试题库或试卷库，分别聘请校内外专家命题。命题应遵循教学大纲，要有足够的覆盖面，基本要求的题目约占70%，综合性题

目约占 20%，较难的题目不超过 10%。试题应有相应的审批手续，考试评卷后应有试卷分析。

⑤制定详细、周密的教务安排细则。教务处组建考试中心，全面负责试卷印刷、试卷归档等各项教务工作。学校可聘请教学工作态度认真、作风严谨、有实际工作经验的教学管理干部深入考场担任巡视工作。

⑥凡考试违纪者，本次考试成绩以零分记载，计入留、降级课程门数，并视情节轻重，予以记过、留校察看甚至开除学籍处分。

⑦学生因事、因病缺课，累计超过本学期该门课程学时的 1/3 者，不准参加该门课程期末考试，成绩以不及格处理。学生旷课视情节应给予批评教育或纪律处分，旷课累计超过某门课学时的 1/3，则该门课的成绩以不及格处理，计入留、降级课程门数，不予正常补考。

⑧在考试考核期间一般不准请事假，有病应事先持校卫生所诊断证明请假，经教务处批准方可缓考。因事、因病缓考，成绩不及格不予补考，计入留、降级课程门数。

⑨教务处组织教师实行封闭式流水阅卷，要求教师评卷认真、公正、客观。教务处将组织校级专家督查组对学院试卷检查工作进行抽查。

⑩学校应加强学生的基本技能和职业资格证书技能的培训工作。各校要根据本校实际情况，明确规定本校学生毕业时必须具有的职业教育资格证书种类，实行真正意义上的"双证制"，逐步实现与人才市场就业准入制度的顺利接轨。

⑪学业成绩按学期记载。理论课考试采用百分制，实践教学考核采用五级分制（优、良、中、及格、不及格），应允许学生取得相应的社会考试成绩或证书替代相应课程的成绩，具体方法可由学校根据实际情况而定。

⑫学生的成绩均记入成绩单，一式两份，一份存入学生本人档案，一份交

由学校档案室保存。

三、学生行为规范管理

日常行为规范是学生生涯尤为重要的一个组成部分，学生在校期间良好的日常行为习惯的养成，有助于学生形成正确的世界观、人生观、价值观，使学生能够积极阳光地面对生活，面对外面的社会，以及身边的一切人和事物，更能提高学生的综合素质，创建和谐的校园环境。各高职院校应当不断调整学生的日常行为规范管理与教育引导机制，不断推陈出新，紧跟时代步伐，有针对性地将一些方式方法运用到这项重要的管理工作中，进而提高高职教育的教学质量。

笔者认为，学生行为规范管理的有效途径主要有以下几点。

（一）创新学生管理工作理论

高职院校做好学生行为规范管理工作的前提是全体学生管理者有正确的工作理念，能正确认识学生工作，重视学生工作，积极做好学生工作。

1.学生管理工作任务艰巨

当今社会，高职学生管理工作面临许多新的问题和挑战。高职教育招收的学生大都是高中时期的低分学生，生源素质参差不齐，且多数学生认识不到自身素质与社会需求的差距。对此，要解决这一问题，学生管理者承担着义不容辞的责任，必须清醒认识到自己肩负的责任和使命。

2.学生是学校的主体

所有学生管理者必须明白学生是学校的主体，要对自己的角色重新定位。

高职学生管理者的能力素质对高职院校的发展和学生的成长成才有着至关重要的影响。然而，近年来在从事高职学生管理的这个群体中，有些管理者的责任感不强，影响着学校的发展和学生的健康成长。这具体体现在：部分高职学生管理者对学生的管理缺乏科学性，不注重调查研究工作，不注重学生的成才规律和个性发展规律，在工作中缺乏社会责任感，缺乏持久性和稳定性，工作不得法，影响了学生的健康成才。高职学生管理者要对所处的时代和所肩负的责任有具体深入的认识，注重自身管理能力的提高，坚持学生是学校的主体，不断地吸收新的信息，不断地实践和总结，提高自身的执行力和沟通协调能力。

3.勤于育人，用心育人

所有学生管理者必须牢固树立"三为""三全"的育人思想。"三为"即"一切为了学生，为了一切学生，为了学生的一切"。"三全"即"全面育人（教育全校每个学生，促进学生德、智、体、美、劳全面发展）、全员育人（全校教职工都要育人，全校的有形资源、无形资源都用于育人）、全程育人（不光三年，乃至学生终身）"。全体学生管理者必须在思想上重视学生管理工作，树立新时代全新的育人理念，做到全时空、全方位、全身心育人，以达到培养目的，完成培养目标。

（二）创新学生管理工作机制

学生管理工作机制就是在学生管理工作理念的指导下，采取各种积极措施，通过多种渠道把学生管理工作目标变为现实。为保证学生管理工作的落实，必须建立新型的学生管理工作机制。

因此，建立"三全"育人机制是很有必要的。第一，要营造人人育人的育人氛围，即在学生管理工作方面建立责任制、督察制。学生管理者要分工负责，实行责任制，实施阵地化育人。学生的每一处活动场所都要有人去管理、服务，每一名学生的一言一行都要有人去引导、去规范。第二，要抓住宿舍这一育人重要阵地。学生宿舍在育人中起着重要的作用。高职学生管理者应充分发挥这一阵地的育人作用，让学生管理工作进宿舍，用环境育人。第三，要发挥辅导员的育人作用。责任心强、素质高的辅导员队伍是高职教育做好学生管理工作的关键，也是学生成才的关键。辅导员是学生管理工作队伍的重要组成部分，是学校对学生进行思想政治教育和管理工作的组织者和实施者，是全面贯彻党的教育方针，培养德、智、体、美、劳全面发展的社会主义事业建设者和接班人不可缺少的重要力量。

（三）创新学生管理工作制度

学生管理工作制度是学生和学生管理者都必须遵循的规定，也是对双方提出的要求，是推进学生管理工作科学化与规范化、保证各项学生管理工作顺利进行的有力保障。

1.建立保障制度

规章制度本身具有教育、激励、约束、管理的功能。高职教育应继续贯彻落实已有的行之有效的管理工作规章制度，如《普通高等学校学生管理规定》《高等学校学生行为准则》等。与此同时，高职院校还要根据国家的法律法规，结合学校的实际情况，建立起适合本校学生特点的保障制度，使学生的各项活动有章可循。

2.建立激励制度

高职学生管理工作要充分发挥学生的主体性，坚持以人为本的理念，着眼于培养学生的"自我教育、自我管理、自我服务"能力，制定各项学生管理工作规章制度。高职院校可提倡学生自我管理，从制度上鼓励学生关心和参加学校的管理工作，以充分调动学生的积极性和主动性，使学生管理工作从以约束为主向以激励为主转变。

四、学生安全教育及管理

高职教育各有关单位要将学生安全教育作为一项重要工作列入议事日程，并结合自己的具体情况制订学生安全教育计划，积极组织开展以普及安全知识、增强安全意识和法治观念为主要内容的安全教育活动，提高学生的安全防范能力。

第一，学生安全教育要根据实际和学生特点适时开展。从学生入学到毕业，系部每学期都要对学生进行安全教育活动。在各种教学活动和日常学习生活中，系部可以适当方式对学生进行防盗、防火、防传销等安全防范教育，使学生安全教育工作落到实处。同时学生应自觉学习安全防范知识，积极参加安全教育活动，增强安全意识和法治观念。

第二，高职院校可把安全教育及其管理工作纳入领导任期的责任目标，建立和健全学生安全教育及管理规章制度，努力做好各项安全教育和管理工作，以保护学生的人身和财产安全。

第三，学生必须严格遵守国家法律、法规和学校的各项制度，自觉抵制各种低俗色情、凶杀暴力、封建迷信等非法出版物，不参与酗酒、打架斗殴和赌博，不携带、私藏管制刀具和其他危险品，不制贩、吸食毒品，自觉维护消防及其他安全设施，注意防火、防盗。

第四，学生在各项教学活动和其他活动中，应遵守纪律和有关规定，听从指导，服从管理。例如，自觉遵守文娱体育场（馆）、教室、图书馆等公共场所的有关安全规定，防止发生人身伤亡事故和财物损失；在专业学习、社会实践、假期旅途、军训、劳动中，要严格遵守有关安全的规章制度，注意人身、财物和交通安全等；自觉遵守学校有关规定，未经请假或请假未经批准，不得擅自离校，禁止在校学习期间擅自外出旅游和到自然水域游泳；自觉遵守计算机网络有关管理规定，不得登录非法网站、传播有害信息。

第四章 高职教育教材
开发设计管理创新

第一节 高职教育新型教材
开发设计简述

一、高职教育新型教材设计指导思想

（一）目的明确

全面推动习近平新时代中国特色社会主义思想进教材、进课堂、进头脑，使师生理解、接受并内化为实际行动。将高职教育类型特征、学生特征融合在新型教材中，提升教材对学生的吸引力，促进学生自学能力的提升。在培养高素质技术技能人才的过程中，充分发挥高职教育新型教材应有的育人作用和成才效果，完成立德树人根本任务。

（二）建设方向要正确

坚持正确政治方向，以马克思列宁主义、毛泽东思想、邓小平理论、"三个代表"重要思想、科学发展观、习近平新时代中国特色社会主义思想为指导，

有机融入中华优秀传统文化、革命传统、法治意识和国家安全、民族团结以及生态文明教育，努力构建具有中国特色、融通中外的概念范畴、理论范式和话语体系。学习借鉴国外先进经验和做法，并扎根中国大地，站稳中国立场，充分体现社会主义核心价值观，加强爱国主义、集体主义、社会主义教育，引导学生坚定道路自信、理论自信、制度自信、文化自信。

（三）内容及逻辑要科学

体现职业教育的职业特色，基于职业岗位需求设计教材内容，按照工作过程、步骤构建教材结构，要"源于企业高于企业"。遵循学习规律、职业成长规律、工作逻辑规律和人才培养规律，及时纳入中国特色社会主义实践创新成果，以及行业企业新技术、新知识、新标准、新技能等。充分融合现代信息技术手段，建设融媒体信息化教学资源库。将"以学生为中心"落实到教材内容中，内容呈现方式多样化，教材功能多样化，富有启发性、引导性和创新性，以激发学生的学习兴趣及创新潜能。

（四）体现新型教材特征

充分体现"活页装订方式，立德树人根本任务，行动与成果导向，融媒体信息化资源，以学生为中心，高于企业载体"六大特征，通过教材内容、教材功能和教材结构的科学设计，促进学生自主学习能力的提升，全面提高教育教学质量。

二、高职教育新型教材系统策划的设计思路

职业教育新型教材是以学生的"学"为主导的学与教的内容载体，是一个教材体系，而不只是一本纸质教材，纸质教材仅是新型教材的核心部分。

以学生的"学"为主导开发编写新型教材是落实"以学生为中心"的重要措施之一，也是基于高职教育类型特征要求和学生特征现状的必然措施。

按照"以学生为中心，以职业能力为本位，以学习成果为导向，促进自主学习能力提升"设计思路，系统指导新型教材策划设计、编写工作的各个方面。此外，要弱化"教学材料"特征和内容，强化"学习资料"功能与内容。通过新型教材引领，学生在学习过程中往往能构建深度学习的管理体系。

"以学生为中心"是新型教材设计要实现的重要目标之一；"以职业能力为本位"是新型教材设计的基本方法之一，也是教材改革的逻辑起点和落脚点；"以学习成果为导向"是评价学生学习业绩的重要载体和依据，是高职教育类型特征的重要体现；"促进自主学习能力提升"是高职教育新型教材改革与教学实施的重要目的之一。

下面，笔者借用深度学习这一新术语设计高职教育新型教材的深度学习管理系统，其逻辑结构如图 4-1 所示。深度学习是机器学习领域中的一种复杂的机器学习算法，让机器能够像人一样具有分析学习能力，能够识别文字、图像和声音等数据。深度学习管理系统分为教师设计子系统和学生实施子系统，在组织实施中两个子系统相互影响、相互促进，共同发挥作用。

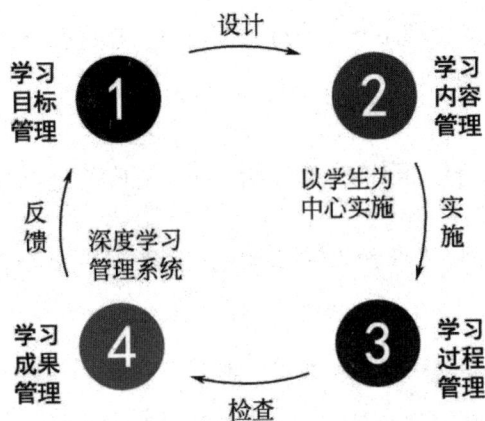

图 4-1　深度学习管理系统逻辑结构

第一，教师设计子系统。设计教材中每个模块的学习目标、学习内容、学习过程、学习成果，并将"以学生为中心"的相关内涵要求落实到这四个方面。学习过程设计通常通过结构设计、"工作手册式"的学习性职业工作流程予以体现。

第二，学生实施子系统。学生在学习过程中，针对每个模块的具体学习成果，按照要求进行相关设计、计算和分析等，按照设计图纸、方案等进行相关产品加工制造或其他相关活动，最后对完成的模块学习成果进行自我检查，并将学习成果提交给教师。教师对学习成果进行评价，将存在的不足反馈给学生，使其在下一个模块学习过程中少走弯路，提升完成具体学习成果的质量。整个实施过程在教师指导下完成。

三、高职教育新型教材开发的步骤

新型教材可按照"职业岗位工作系统分析→典型工作任务分析→工作模块划分→标准规范设计→模块课程设计→学习情境设计→教材结构设计→教材

功能设计→知识点规范选用→完成样张编写→评审样张→完成教材编写"12 个步骤进行开发。

(一)职业岗位工作系统分析与典型工作任务分析

①首先以专业群、专业为单位对相关产业和 15～20 个企业进行系统调研，分析确定专业群对应服务的产业链（宏观、中观或微观）企业及职业岗位，分析确定专业对应服务的职业小类或岗位群。

②分析确定专业群课程体系对应的职业岗位群、专业课程体系对应的职业岗位群。对职业岗位群进行工作系统化分析，初步划分出各典型工作任务的节点。

③组织职业教育专家、企业专家等进行研讨，根据相应方法分析确定每个典型工作任务。

(二)工作模块划分与标准规范设计

①对每个典型工作任务进行再分析，选择节点，按照工作模块定义和要求划分出 5～7 个工作模块。明确各个模块课程之间的逻辑关系。

②对每个工作模块的各要素进行补充、完善，将相关标准纳入其中，对不规范的内容进行标准化、规范化改进，使每个工作模块都具有科学性、可行性、先进性和普适性。

③完善、规范每个工作模块的输入要求、输出成果及要求等。应特别注意有逻辑关系的各工作模块之间的输入/输出接口设计，确保前一个工作模块的输出大于等于后一个工作模块的输入要求。

（三）模块课程设计与学习情境设计

①基于模块课程的定义，对各工作模块中的工作任务的职业技能、职业道德、职业素养要求进行逐条分析、确定。

②根据职业技术技能发展需求，对横向拓展、纵向深化的职业技能要求进行分析，确定需要深化、拓展的技能点。

③根据工作模块的输入、输出和工作活动过程特点，设计模块课程的输入、输出和工作手册式基本模式。模块课程之间的逻辑关系同工作模块之间的逻辑关系原则上应保持一致。

④根据工作模块和工作手册式基本模式，设计必要的学习情境，进行教学框架设计、行动导向教学方法选择与教学环境、条件策划，为新型教材结构设计、功能设计奠定基础。

（四）教材结构设计与教材功能设计

①将行动导向教学方法恰当融合在新型教材结构设计中，使工作手册式模式与教学方法融为一体。

②根据专业群、专业课程体系和新型教材体系的系统策划要求，设计六大功能域及其适用的功能栏目。每个专业群或专业自成一体，建设具有专业特色的新型教材体系。

③立德树人、课程思政功能域设计应该按照专业课程体系整体策划、规划，形成模块化、渐进式育人体系，对关键点进行深度强化，避免重复、遗漏或矛盾冲突等问题发生。每个模块课程可以设计 1～2 个课程思政主题单元，通过隐性或显性方式与课程内容有机融合。

（五）知识点规范选用、完成样张编写、评审样张与完成教材编写

①完成上述步骤之后，选择其中一个具有代表性、各个要素齐全的模块课程作为样张进行详细设计。

②基于职业技能、职业道德、职业素养各个要素，按照"必需、够用、适度"原则选用，并优化陈述性知识点、程序性知识点和策略性知识点等。

③完成样张之后，教材编写团队应该进行审读、研讨，组织专家评审，进行完善，然后使之形成范式。各个模块课程按照样张范式和模块课程特点进行编写。

④各模块课程对应的新型教材编写完成后，编写团队应该进行详细审读、研讨和完善，最后提交学校教材工作委员会评审。

四、高职教育新型教材设计的原则

（一）高职教育新型教材不是源于学科体系的教材

到目前为止，部分高职院校教师还没有理解和接受这个彰显职业教育类型特征的新型教材设计原则，他们始终在普通教育学科体系框架内寻找编写新型教材的切入点、思路和方法，不知道需要进行行业企业调研，没有分析确定工作模块，直接把原有的学科体系教材拿过来研究如何改革、编写。笔者认为，这一原则主要可从以下三方面予以体现：

①新型教材内容要源于企业且高于企业。一方面，职业教育不是职业培训，职业教育要逐步实现"跟跑企业、并跑企业、领跑企业"的高水平建设目标。

另一方面，在企业调研基础上，对获取的案例、工作任务等进行完善，使其具有科学性、先进性和适应性。所以，新型教材内容中的案例、训练题目等都不是从企业直接照搬的，而是经过技术加工、教育教学改进后形成的高于企业的内容。

②校企"双元"合作开发编写新型教材。这里的"双元"是指高职院校与企业合作，具体安排相关教师、工程师等组建新型教材编写团队开展工作，不是在编写团队中增加几个校外或企业人员。任何参加编写团队的成员都应该站在学校、企业立场上开展合作，优势互补，形成合力。校企"双元"合作开发编写新型教材时，实行学校和企业代表的双主编负责制。

③新型教材的中观结构、微观结构设计必须综合考虑职业岗位工作逻辑规律、学生学习规律、职业成长规律、产学研融合规律等。

（二）高职教育新型教材不是企业工作手册的再现

这一原则主要从以下三个方面予以体现：

①重点体现如何做，少解析。新型教材内容以"做中学"为主导，以程序性知识为主体，配以必要的陈述性知识和策略性知识，重点强化"如何做"。必要知识点穿插于各个做的步骤中，使学生边学、边实践。此外，还要将多角度的案例、佐证资料、扩展资料等都放在配套的信息化教学资源库中。

②新型教材的功能转化、增加和水平升级。将传统的以教师的"教"为主导的教材，转变为以学生的"学"为主导的学材和学习工具，并将行动导向教学方法融合其中，重点培养学生的自主学习能力和职业能力。将纸质教材与配套的信息化教学资源库相结合，实现线上线下结合学习、移动学习、泛在学习等。因此，新型教材不再仅仅是学习内容的载体，还可以实现六大功能域30多个功能栏目，满足立德树人、培养高素质技术技能人才的需求。

③职业化与标准化。新型教材既不是学科体系的知识库，也不是企业工作手册的再现，而是经过加工、凝练和基于教学改造的"工作手册式"结构的教材。新型教材符合职业规范、职业道德和职业素养要求，将立德树人作为根本任务，将专业技术技能学习融为一体。

第二节　高职教育教材创新设计方法

一、专业群课程体系与新型教材系统设计方法

（一）企业调研与典型工作任务设计

1.以专业群为主导开展企业调研工作

（1）理解教育部、人力资源和社会保障部两大类X证书标准及特点

根据《国家职业教育改革实施方案》规定，教育部、人力资源和社会保障部都在各自开发设计X证书制度和职业技能标准，两大类X证书标准存在一些异同点。在通常情况下，由于职业教育业务管理权限分工，技工类职业院校选择人社部的X证书标准多一些，普通职业院校选择教育部的X证书标准多一些。表4-1给出了教育部、人力资源和社会保障部X证书的标准特征，供各职业院校选择X证书时参考。

表 4-1　教育部、人力资源和社会保障部 X 证书标准特征对比

项目	教育部	人力资源和社会保障部	说明
标准名称	职业技能等级标准	国家职业技能标准	1.国家职业分类大典中共有 1 481 个职业，原则上每个职业都开发国家职业技能标准。 2.人力资源和社会保障部保留了 58 个职业资格标准和证书。 3.人力资源和社会保障部 X 证书 1 至 3 级分别对应教育部初级、中级和高级，4 级和 5 级分别为技师和高级技师
面向职业	面向技术技能领域，如××技术、××管理等	面向职业或工种,如××员、××工、××师等	
证书性质	职业技能水平的证明		
开发依据	行业企业需求	国家职业分类大典	
开发机构	有资质的企业	人力资源和社会保障部及相关部委	
技能等级	初级、中级、高级	1 级至 5 级，共五个等级	
发证机构	开发标准的机构	人力资源和社会保障部专门机构	
目前数量	4 批共 471 个	陆续开发了 190 个	

（2）明确职业教育和社会培训存在的异同点，为企业调研提供重点内容依据

职业教育不能等同于职业培训，两者之间存在明显的差异。对于高职院校来说，开展职业教育和社会培训都是重点工作，但不能在课程建设、新型教材建设、教学实施等方面相互取代。表 4-2 给出了职业教育和社会培训在某些项目上存在的差异。

表 4-2　职业教育和社会培训差异性分析表

项目	职业教育	社会培训	对比说明
实施目的	立德树人是根本任务,使学生成为高技能人才	使学员学会一定的技术技能	差异较大
实施依据	职业教育法和专业教学标准	社会和学员需求	
实施主体	职业院校	培训机构、职业院校	
学习主体	在校学生	社会人员、在校学生	差异较大
学习基础	没有工作经验和亲身体验	有工作经验和亲身体验	差异较大
学习欲望	学习愿望和内在需求不强烈,多数是被动学习	学习愿望和内在需求比较强烈,多数是主动学习	差异较大
学习内容	职业需求知识、技能、能力和职业道德等内容	职业或学员需求的知识、技能等	
考核评价	以职业院校为主进行考核评价,多样化考核评价方法	培训机构自己组织考核	
教师资格	国家规定的教师资格证书	培训机构自己确定	差异较大
课程体系	基于职业需求和教育部规定,完整的专业课程体系	培训机构自己确定,零散的课程,一般不成体系	差异较大
学习时长	国家统一规定,高职 3 年	培训机构自己规定每门课程的时间,按单课程确定	
证书证明	毕业证书、学位证书	单课程培训结业证书	

通过表 4-2 可知，在实施目的、学习主体、学习基础、学习欲望、教师资格、课程体系等方面，职业教育和社会培训的差异较大，这些差异对教师开展行业企业调研、开发编写新型教材的影响很大。如果不了解、分析这些差异，就很难完整、有效地得到满足新型教材开发编写需要的企业岗位工作信息、职业要求等。

（3）明确实施 X 证书制度的目的

在开展企业调研之前的策划阶段，要明确实施 X 证书制度是为了进行专业课程体系建设和教育教学、培养复合型技术技能人才，还是为了开展社会培训工作，或者两者兼顾。明确之后，研究确定详细、完整的调查对象、项目、内容等。尽量减少到企业调研的次数，降低成本，提高效率。

（4）明确专业群、专业和课程团队开展行业企业调研的重点和要求

第一，以专业群为主导组织行业企业调研，为构建专业群课程体系进行调研并收集完整、系统的信息数据，特别是专业群中具有共同或类似职业岗位需求的职业技能、能力和必须学会的知识点，这是构建专业群公共课程的依据。另外，通过企业调研，以专业群为主导，与企业合作开发设计各个企业特色课程，编写相应的新型教材。

第二，在专业群调研的基础上，以专业为主导进行深入细化的企业调研，为重构专业课程体系、开发设计专业课程体系中所有课程标准收集完整的信息数据。通过对从企业调研获得的信息数据进行分析，确认各个工作模块，再设计各个模块课程和模块化课程。

第三，对于各个专业对应的职业岗位共同需要的模块课程，应根据其与其他模块课程关联的密切程度，确定作为专业群公共课程，还是作为模块课程分别在各专业模块化课程中应用。

第四，在专业群、专业模块化课程标准制定完毕后，根据工作计划安排相应模块化课程新型教材编写的企业调研工作，每个编写团队策划设计调研内容

和调研方法等。如果专业群、专业调研工作没做好，专业群和专业课程体系没有重构，直接开展新型教材编写调研，则各模块化课程构建、新型教材结构设计出现问题的概率非常大。这些问题开始时可能没有被发现，当课程建设到一半左右时，就会明显出现专业课程体系逻辑关系紊乱等问题。

（5）调研团队组成和分工合作

专业群、专业和课程调研团队的组建应该提前进行，根据调研目的、内容等，确定团队成员名单、人数，并根据团队成员个人特征分配相应调研工作任务。分工要明确，避免出现重复、遗漏等问题。对于专业群调研，可以组建多个团队分别到不同的企业进行调研。

为了节约时间和调研成本，也可以在周密策划、研究的前提下，设计好专业群、专业和能够确定的课程调研方案，设计好调研内容、方法等，一次性到企业同时开展专业群、专业和部分确定课程的调研。在通过企业调研确定专业群、专业课程体系和课程标准之后，再制定其他课程和新型教材调研方案，确定调研团队。在通常情况下，一个调研团队成员 3～5 人比较合适。具体人数应根据情况确定。

2.产业、行业理解与企业调研方法应用

（1）产业和行业的概念及其关系

在构建职业教育专业群和开展行业企业调研工作的过程中，首先要清楚产业、行业的概念及其相互关系，应用好这两个概念研究职业教育工作和专业群建设工作。

第一，产业是按照产品生产过程的先后顺序进行划分的，宏观层面分为上游的第一产业（农、林、牧、渔企业）、中游的第二产业（制造企业、二次加工企业）、下游的第三产业（服务、营销等企业）。第一产业、第二产业都有明确的有形、流程性产品输出，第三产业输出的是服务，包括一般商业性服务、软件开发和信息技术服务。中观、微观层面的产业视具体产品生产过程而确定。两个及以上不同的产业之间构成产业链，在产业链中有上游、中游和下游产业。

第二，行业是按照企业输出的产品属性类别不同进行划分的，如农业、林业、牧业、渔业、采矿业、制造业、建筑业等 19 个大类行业。每个大类行业还可分中类行业、小类行业，如制造业大类分为食品制造业、通用设备制造业、仪器仪表制造业等 31 个中类行业。行业分类应按照国家 GB/T 4754—2017《国民经济行业分类》标准进行。

第三，产业与行业之间构成纵向和横向的矩阵关系。每个具体企业都是产业、行业关系矩阵表中的一个点元素，如表 4-3 所示。

表 4-3　产业与行业关系矩阵表

行业/产业链	上游产业	中游产业	下游产业	产业链层次
农业/制造业/商业	小麦种植	面粉加工	超市商场	宏观产业链
通用设备制造业	机械零件	起重机制造	船舶制造	中观产业链
制造业/商业	元器件生产	电视机生产	家电商城	中观产业链
电子设备制造业	电视机设计	电视机生产制造	电视机质量检验	微观产业链

在表 4-3 中，机械零件制造企业既是起重机制造企业的上游、供货方，又是电视机生产企业的上游、供货方；同样，电视机生产企业既是家电商城的上游、供货方，又可以是船舶制造企业的上游、供货方。一个具体的企业可同时处在不同产业链中的上游、中游或下游。所以，在专业群构建、专业构建过程中，要搞清楚所调研的企业所处的各个产业链情况：一个专业群服务于一个中观产业链中的上游、中游或下游企业，还是服务于一个微观产业链中的上游、中游或下游岗位（群）。

（2）调研企业的选择

在策划编写新型教材的过程中，应该选择具备相同职业岗位或类似职业岗位的 5～7 个企业进行调研，这些企业应该是行业中的大中型优秀企业，具备先进的生产制造技术、管理水平，高质量产品和较高的社会信誉。选择的企业数量太少，没有典型性和代表性；选择企业太多，成本又会过高。另外，还要考虑新型教材建设的质量目标是申报国家规划教材、省级规划教材，还是校级规划教材。如果申报国家规划教材，则要在全国范围内选择大中型优秀企业进行调研，使编写的新型教材能够满足国内各相关高职院校的需求。

（3）主要调研内容

根据教师已经掌握的企业内容，研究确定还需要再到企业调研哪些内容。以下调研内容可供参考。

第一，企业对五种技术技能人才的需求情况，包括当年及未来 3～5 年的预期。

第二，企业岗位设置情况，包括现在的岗位设置，未来 3～5 年的新岗位、淘汰岗位等预测情况。

第三，岗位工作要求情况，包括现在的岗位、未来预期新岗位的工作内容、工作职责，完成岗位工作任务需要具备的职业能力要素、职业技能要素、职业道德和职业素养等。

第四，与企业专家、工程技术人员、经验丰富的一线员工研讨分析，确定各个工作模块及其输入、输出接口和具体的质量指标、测评标准、测评方法等。

第五，了解清楚完成每个工作模块任务涉及的工作对象、工作内容、工作手段、输出的产品、输入的物料、工作环境条件、工作组织方式和要求、资源提供与保障等。

（4）选择调研方法

常用的调研方法有问卷调查、现场观察、动手操作试验、座谈交流等。每种方法的目的、用途不一样。

第一，问卷调查。对于可以简明扼要回答的问题，采用问卷调查比较合适，每个题目设计若干单选或多选项，企业员工能够很快完成问卷。注意在设计问卷内容时，应该使用行业企业术语和通俗易懂的语言表述相关问题、内容等，使答卷人一看就能顺利填写。

第二，现场观察。对于那些复杂、综合性强的职业岗位，应该到工作现场进行详细观察，与操作员工进行交流，详细了解每一个操作步骤、要求和可能出现的问题，以及员工的经验、对该岗位的工作体会等。

第三，动手操作试验。对于需要一定技能、劳动强度大、危险的岗位，建议教师在确保安全、保证生产质量的前提下，亲自进行操作试验，体验岗位工作对职业能力、技能和心理素质等方面的要求。

第四，座谈交流。对于一些涉及多角度、多技术领域等比较复杂的问题，建议采用座谈交流的方式，可以多问几个为什么。通过座谈交流，可以从不同角度调查、了解清楚问题。教师要善于掌握座谈交流过程中的主动权，引导企业员工多说，以便得到更完整信息数据。对于企业保密的信息，应按照企业要求予以保密或处理。

3.分析设计典型工作任务及案例

（1）典型工作任务的定义及其特征

早在 2008 年，我国职业教育就引入了典型工作任务、学习领域课程、学习情境等新概念、新思想。经过十多年的学习、理解、消化吸收，这些新概念、新思想在职业教育领域得到一定的普及。最近几年，职业教育专家又基于工作过程系统化的课程建设观念，以典型工作过程取代典型工作任务，以参照系取代职业工作六要素，以学习场取代学习领域，这种取代是在对职业教育理论进行深入、系统的研究之后的取代，其内涵有所变化。然而，这种取代要想很快被职业教育领域完全接受，还有很大的障碍要排除，还有很长的路要开拓。

基于职业教育类型特征要求，职业教育将以模块化课程为主体构建专业群、专业课程体系。因此，正确、完整理解典型工作任务，是高质量分析确认工作模块、开发设计模块课程和模块化课程的重要基础工作之一。

典型工作任务是一个职业工作领域中，工作过程和结构完整的、公认的、较为复杂的综合性任务，反映了该职业的工作内容和工作方式。在完成典型工作任务的过程中，学习者的职业能力能得到明显提高。

一个典型工作任务应同时具备以下特征：具备完整、稳定的工作过程和工作结构，工作内容真实并具有情境依附性；在行业内各企业生产经营活动中具有重要的作用，同时对员工职业发展具有重要的促进作用；完成任务的工作方式、工作内容和工作结果具有明确的职业性和社会开放性；典型工作任务不是某个企业的具体工作任务的简单再现；有明确的输入要求、规范的工作活动和输出成果。

在职业教育中，一个职业小类一般对应一个专业。一个职业可以凝练出 1～3 个典型工作任务，1～3 个工种可以凝练出 1 个典型工作任务。一个典型工作任务对应职业教育的一门模块化课程或学习领域课程。一个典型工作任务可以划分为 5～7 个工作模块或工作任务，每个工作模块对应一个模块课程或学习情境。

（2）典型工作任务的六要素

在对行业内 5～7 个企业进行系统、完整的调研基础上，汇总各个企业的工作任务六要素，并进行整合、分析、凝练，对不完整的要素内容进行补充，对落后的要素内容进行更新，对不规范的要素内容进行标准化和规范化，最终使每个要素内容都具备科学性、先进性、可行性和普适性，即形成典型工作任务的六要素。由职业教育专家、企业专家和一线管理者等进行分析、研讨、补充和凝练后，最终确定每一项要素的完整内容，并按照行业习惯和约定俗成的名称对每一个典型工作任务进行命名，确定典型工作任务的类型（设计类、操作类、服务类、管理类、加工类等）。可按照表 4-4 对六要素进行分析、凝练，完成典型工作任务设计。

表 4-4 典型工作任务六要素分析、凝练表

项目	工作产品	工作环境	工作手段	工作组织	工作对象	工作内容
企业 1						
企业 2						
企业 3						
企业 4						
企业 5						
企业 6						
企业 7						
凝练后的典型要素内容						
典型工作任务名称				类型		

4.工作模块与行动体系模块课程

（1）工作模块的定义

针对某一职业领域中的岗位（群）、工作范围等，将相应的工作划分为几个相对完整的部分，要符合职业工作规范和工作流程要求，每一部分都有明确的开头和结尾，这样划分出来的每一部分就是一个工作模块。

（2）行动体系模块课程定义及其三要素

以完成工作模块中的工作任务需要的知识、技能和能力为框架构建的课程称为模块课程。模块课程具有三个要素，缺一不可：对应一个工作模块；有明确的开头、结尾要求和学习成果（学习时长、输入、输出）；遵守职业标准、职业规范和工作逻辑关系。

职业教育模块课程必须来源于工作模块。这里的工作模块是在对企业进行充分的调研分析的基础上，经过凝练、加工和提升而得到的，不是照搬企业的具体工作任务。根据涵盖工作内容、过程的范围，在通常情况下工作模块可划分为中观工作模块和微观工作模块两个层次。基于工作模块一一对应构建的行动体系模块课程具有科学性、先进性、可行性和普适性。

所以，行动体系模块课程不是在原来的学科体系课程的基础上改名、修修补补得来的。学科体系模块课程和职业教育行动体系模块课程的来源与逻辑起点是不一样的，这一点务必注意。

5.中观工作模块和微观工作模块划分

教师应该提前设计好工作模块划分表格或模板，便于在企业调研过程中快速准确地记录、分析、审核和确认。

企业工作模块类型可分为设计类、操作类、服务类、管理类、加工类等，模块层次分为中观模块、微观模块，可根据具体调查内容、新型教材特征要求等对表格进行完善，以增强实用性和有效性。

在企业调研过程中，需要与企业专家、工程技术人员等研究分析，划分出每一个中观工作模块和微观工作模块，确定每个工作模块的输入、输出要求和工作过程六要素的具体内容等。

（二）专业群课程体系构建

2020 年 7 月 31 日，在职业教育专业升级与数字化改造工作研讨会上，中国职业技术教育学会会长、教育部原副部长鲁昕教授作了题为"新经济、新技术、新职业、新专业"的主题报告，她指出专业建设要体现"五新"，做到"五个对接"，即要有新定位、新名称、新内涵、新结构、新体系，对接时代发展，对接数字经济，对接科技进步，对接市场需求，对接新职业岗位。

职业教育正在转型升级阶段，目前在职业教育专业名称与专业设置、课程体系与课程名称、课程内容与教材内容等各方面，多数高职院校还是在普通教育学科体系框架内进行修正。要真正将职业教育作为不同于普通教育的一种类型，就必须从专业名称和专业设置开始，跳出普通教育学科体系的框架，原则上基于《中华人民共和国职业分类大典（2015 年版）》中的职业小类重新设置职业教育专业和专业名称，根据职业和企业需求设置专业的职业方向，比如设置机械热加工专业（GBM 61802），并下设铸造、锻造、金属热处理、焊接、机械加工材料切割、粉末冶金制品制造等职业方向。各高职院校根据区域经济发展和行业企业需求，选择适宜的职业方向，高职院校的专业设置由省、市教育行政部门审批，报教育部备案，职业方向设置、调整等由各高职院校自己确定组织、论证、审批，报省、市教育行政部门备案。如果专业设置和专业教学标准没有按照职业教育类型进行彻底改革，那么课程建设和新型教材开发编写工作很难体现出职业教育类型特征。

1.专业群课程体系与教材策划的设计路径

高职院校必须对专业群、专业进行系统设计，为新型教材策划设计奠定基础。其中，行业企业调研、毕业要求设计、工作模块确定分析和模块化课程体系重构是重要的基础工作。基础工作不做扎实，新型教材就难以编写好。模块化课程标准设计、学习成果体系设计、新型教材设计、教师分工协作开展模块化教学四项工作尤为重要，这四项工作难度相对较大，教师没有经验可循，且涉及职业教育新理念的落地应用。

专业群课程体系与教材策划的设计路径（也是新型教材开发设计的中观步骤）如图 4-2 所示。其中，工作模块确定分析是职业教育类型特征要求的必须做好的重要工作之一，这一点与《华盛顿协议》《悉尼协议》等规定的专业课程体系构建模式有所不同。教师分工协作开展模块化教学工作也是职业教育类型特征所要求的重要教学模式之一，是不同于普通教育学科体系课程教学的重要特征。

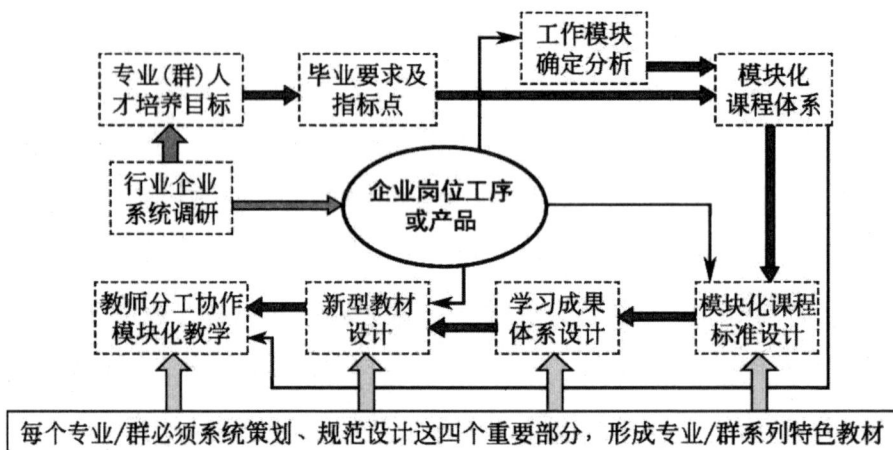

图 4-2　专业群课程体系与教材策划的设计路径

职业教育的课程体系是基于职业的工作过程系统化特征而构建的。有学者认为，工作过程系统化课程有三个基本特征：一是工作过程是综合性的整体结构，学习是在工作过程中应用知识的整体性结构而展开的，学生在学习中同时获得专业能力、方法能力和社会能力；二是工作过程是一个变化的动态过程，工作过程涉及的工作对象、内容、手段、组织、产品和环境六要素不变，但六要素中的具体要求却在变；三是工作过程的结构相对固定不变，即完成具体工作过程的思维活动和行动的"资讯、决策、计划、实施、检查、评价"六个步骤不变。

基于职业教育工作过程系统化课程的三个特征，工作过程系统化课程的结构分为三个层次，即宏观层、中观层和微观层。

（1）宏观层是专业课程体系的结构

专业群、专业的课程体系中包括哪些课程？这些课程按照什么逻辑关系进行构建？为什么需要这些课程？课程内容的范围如何界定？这些都需要考虑。

职业教育的课程类型通常有模块化课程、项目课程、学习领域课程（也称为学习场课程）等。不同类型课程的内涵特征、构建方法和逻辑有一定的异同点，不同类型专业所选择的课程类型也不相同。目前，有些高职院校在课程改革工作中，要求学校所有专业一律按照学习领域课程或项目课程进行改革，死搬硬套某一种课程类型和模式，全然不顾每一个岗位群、岗位的差异性，不顾及专业特殊性，这样做很难取得预期成效。

（2）中观层是每门课程的单元结构

职业教育的课程源于职业工作岗位，课程中的每个单元同样源于职业工作岗位的细分。不同类型课程的单元构成也有所不同，模块化课程通常由5～7个模块课程构成，学习领域课程通常由3个以上的学习情境构成，项目课程通常由5～7个具体项目或子项目构成。课程单元的学习目标和内容设计应满足自迁移、近迁移和远迁移对职业能力养成的要求。

（3）微观层是每门课程的教学结构

教学结构设计在新型教材中应该得到充分体现，这是解决"如何教"的重要组成部分。在设计新型教材时，应结合职业岗位工作过程、工作流程和职业成长规律、学习规律，将行动导向教学方法融合在教材微观结构中。

2.人才培养目标

（1）学校、专业群和专业三层级人才培养目标及其逻辑关系

一所独立的高职院校，应该有总体人才培养目标，体现学校人才培养特色。每个专业群都有各自的专业群人才培养目标，每个专业同样都有自己的专业人才培养目标。

学校人才培养目标应分解到各个专业群，专业群人才培养目标应分解到各个专业。专业人才培养目标的实现支撑专业群人才培养目标的实现，专业群人才培养目标的实现支撑学校人才培养目标的实现。在通常情况下，学校

人才培养目标应从毕业生工作 5 年时的职业核心能力、职业道德和职业素养等方面定义。

（2）人才培养目标及其制定

第一，人才培养目标的定义。

首先要明确什么是人才，2010 年 6 月中共中央、国务院发布的《国家中长期人才发展规划纲要（2010—2020 年）》指出："人才是指具有一定的专业知识或专门技能，进行创造性劳动并对社会作出贡献的人，是人力资源中能力和素质较高的劳动者。"

人才培养目标是指学生在毕业后 5 年左右所实现的突出工作业绩，以及高水平的职业能力和职业素养的综合体现。

第二，专业人才培养目标设计与目标分解。

专业人才培养目标是在对行业企业、社会和相关方调研的基础上设计的。专业人才培养目标要同时满足 6 个方面的要求，即满足国家法律法规、政府及学校举办方、行业企业对人才的要求，满足学校和专业群人才培养目标要求，满足学生家长对学生毕业工作的期望和要求，满足学生自己对未来职业的期望和要求。

部分高职院校存在一些不良倾向，在设置专业、制定专业人才培养目标和招生过程中，不能综合考虑、平衡上述 6 个方面的需求，导致部分新设置的专业招不到学生，学生和家长不感兴趣。部分专业大量招生，满足了学生和家长的期望，而企业没有那么多的岗位，大量毕业生被迫改行。

第三，专业人才培养目标分为中观目标和微观目标两个层次。

以往制定的专业人才培养目标属于中观目标，还需要将中观目标分解为 5～7 个微观目标。微观目标应该具有可实施性、可测评特征，以便在毕业生工作 5 年左右对其人才培养目标是否实现、实现度多少进行测评。

第四，人才培养目标实现度测评结果分析与持续改进。应根据专业人才培养微观目标设计目标实现度测评标准、测评规程等。每年组织一次测评，可以对毕业 5 年、3 年和 1 年的毕业生工作业绩、职业能力等进行系统测评。根据毕业 5 年的测评结果进行分析，确定专业人才培养目标实现度。通常要求学生个体的实现度达到 70% 以上为合格，专业所有毕业生合格率达到 70% 以上为专业人才培养质量合格。要对不合格原因和存在的问题进行分析，制定改进措施。

3.专业毕业要求及其测评

（1）专业毕业要求及其指标点

第一，毕业要求的定义。毕业要求是学生通过规定年限的学习，须修满的专业人才培养方案所规定的学时和学分，完成规定的教学活动，毕业时应达到的素质、知识和能力等方面的要求。毕业要求应能支撑培养目标的有效达成。简而言之，毕业要求是指学生毕业时应达到的知识应用、技能和素养等方面的综合要求。

专业学习成果是毕业要求的重要组成部分，专业学习成果应能体现 70% 的毕业要求指标点的实现。

第二，毕业要求的内容。《悉尼协议》规定的专业毕业要求包括知识应用、问题分析、设计解决方案、调查研究、使用现代工具、工程与社会、环境和可持续发展、职业规范、个人和团队、有效沟通、项目管理与财务、终身学习等 12 项要求，每项要求都用相对宏观的内容。目前，国内还没有职业教育专业毕业要求的具体内容要求。研究认为，职业教育专业毕业要求可以包括知识与应用、认知技能、技术技能、合作技能、自主能力、决策判断能力、社会责任等 7 部分，并对每一部分进行具体定义。例如：决策判断能力是指能准确选择适宜的专业技术技能、方法解决相应复杂程度的技术技能问题、工作任务，在解决问题过程中具有实时、准确的比较分析与判断力。

第三，应将每一条毕业要求分解为3～5项具体指标点。

（2）毕业要求支持培养目标的矩阵分析

毕业要求确定后，应进行毕业要求设计的合理性分析。其中，要系统分析每一条毕业要求对人才培养微观目标的支撑情况，可做出表 4-5 所示的矩阵表，进行横向、纵向分析。如果发现某个目标没有得到毕业要求的支撑或者支撑系数小于 0.5，则说明这个目标难以实现，需要进行调整。如果发现某个毕业要求对各个目标都不支撑，则要分析为什么设计这个毕业要求。总之，每项毕业要求合计支撑系数为 1.0，每个微观目标得到的支撑系数在 1.0 到 2.5之间比较合理。

表 4-5　毕业要求支撑人才培养微观目标逻辑关系矩阵表

毕业要求	人才培养微观目标					
	目标 1	目标 2	目标 3	目标 4	目标 5	合计
毕业要求 1		0.5		0.2	0.3	1
毕业要求 2	0.3		0.4	0.3		1
……	…	…	…	…	…	1.0
合计	1.3	0.8	1.0	0.7	1.2	…

（3）毕业要求实现度及其测评

应制定毕业要求实现度测评标准、测评规程等，对课程支撑毕业要求的实现度测评安排在课程学习完成后，结合课程学习成果进行测评。

学生毕业要求测评低于 70 分为不合格。这意味着，如果一个专业所有学生合格率低于70%，那么这个专业教学质量不合格。

4.专业群五层级模块化课程体系构建

（1）课程体系结构设计与构建方法

第一，构建模块化课程体系的步骤，如图4-3。

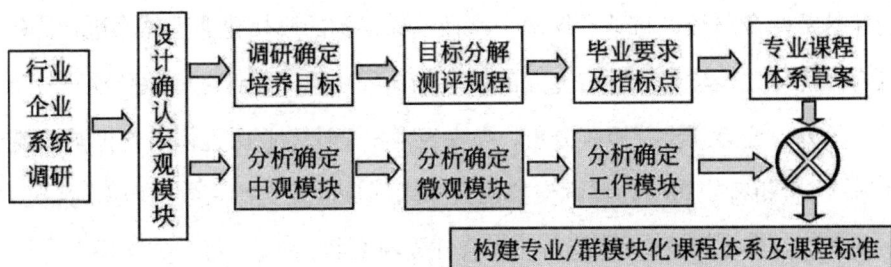

图 4-3　模块化课程体系构建步骤

第二，基于毕业要求指标点设计课程。职业教育专业毕业要求可以根据专业大类的差别设计 7～12 条具体毕业要求，将每一条毕业要求分解为 3～5 个指标点，这样大约有 40 个指标点。要支撑这 40 个指标点的实现，就要研究确定需要开设哪些课程。首先考虑国家、学校规定的学校公共必修课，然后考虑专业群公共课程和企业特色课程，最后分析确定专业核心课程、专门类型课程。以此确定专业课程体系草案。

第三，基于工作模块设计课程。基于企业工作模块构建模块化课程体系大致分为 4 个步骤，具体如下：

①设计确定宏观工作模块。确定企业产品种类、企业类型特征、经营特征等。

②分析确定中观工作模块。确定产品研发、生产制造、市场工程、市场营销等。

③分析确定微观工作模块。确定在产品研究中的软件编程、电路设计等。每个中观工作模块或微观工作模块对应一个模块化课程群。

④分析确定工作模块。确定微观模块中的每一项工作模块，以及模块输入/输出接口，完成工作任务需要的技能点、能力点、专业素质和知识点。据此，可以完成每门模块化课程的框架和内容广度、深度设计。

第四，课程结构优化及支持毕业要求矩阵分析。职业教育模块化课程体系构建基于两个路径，将基于这两个路径设计得到的模块化课程体系进行比较、融合、优化，构建专业群、专业的模块化课程体系，设计各模块化课程标准。

另外，还必须进行矩阵分析，参考表4-6设计专业课程体系支撑毕业要求矩阵表，分析确定每一门课程支撑的具体指标点以及支撑系数。在通常情况下，一门课程可以支撑2～5个指标点，合计支撑系数为1.0。每一个指标点都应该得到课程的支撑，合计支撑系数在0.5到1.2之间比较合适。如果某个指标点没有课程支撑或支撑系数太小，则这个指标点会难以实现。如果某门课程对任何指标点都不支撑，则应该研究这门课程是否应该保留。

表4-6　专业课程体系支撑毕业要求矩阵表

毕业要求	指标点	支撑系数				支撑的课程数	系数合计 Q_i
		课程1	课程2	…	课程 n		
1.知识应用	1.1 能应用数学、物理和电子技术理论知识正确表述电子信息领域中较复杂的技术技能问题	0.2	0.3	…	0.5	3	1.0
	1.2						
	1.3						
2.问题分析	2.1						
	2.2						
	2.3						
	2.4						
…	…						
	…						
每门课程支撑的指标点数量							
每门课程支撑系数合计							

（2）五层级课程体系及其特征

基于职业教育类型特征，按照上述思路、方法构建专业群、专业课程体系之后，根据课程类别和学习目标，可按照学校公共课程、专业群公共课程、专业核心课程、专门类型课程、企业特色课程五个层级构建模块化课程体系结构。五层级模块化课程体系如图 4-4 所示。

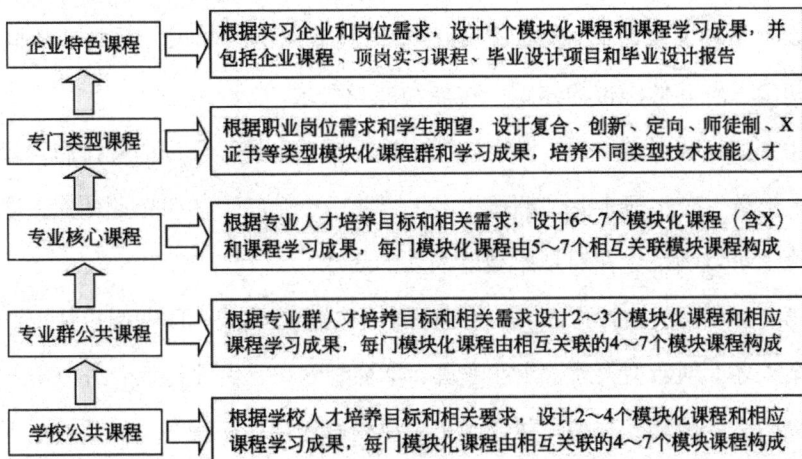

企业特色课程	→	根据实习企业和岗位需求，设计1个模块化课程和课程学习成果，并包括企业课程、顶岗实习课程、毕业设计项目和毕业设计报告
专门类型课程	→	根据职业岗位需求和学生期望，设计复合、创新、定向、师徒制、X证书等类型模块化课程群和学习成果，培养不同类型技术技能人才
专业核心课程	→	根据专业人才培养目标和相关需求，设计6～7个模块化课程（含X）和课程学习成果，每门模块化课程由5～7个相互关联模块课程构成
专业群公共课程	→	根据专业群人才培养目标和相关需求设计2～3个模块化课程和相应课程学习成果，每门模块化课程由相互关联的4～7个模块课程构成
学校公共课程	→	根据学校人才培养目标和相关要求，设计2～4个模块化课程和相应课程学习成果，每门模块化课程由相互关联的4～7个模块课程构成

图 4-4 专业群五层级模块化课程体系

这里主要以企业特色课程和专门类型课程为例进行分析。

第一，企业特色课程。最后一个学期集中安排学生到比较优秀、规模较大的企业进行顶岗实习。针对企业产品技术、生产技术、技术标准、生产管理、质量管理、企业文化、制度规范和学生实习岗位工作等具体情况，开发一套企业特色课程和新型教材，将所有实习岗位的学习内容、工作要求等都编入教材中。这样能够很好地解决目前顶岗实习存在的诸多问题，包括企业、学生和学校存在的问题。

①这门课程以学生自学为主，安排企业和学校教师进行定期辅导。教师通过微信群随时收集学生在实习、课程学习中存在的问题，并进行答疑。同时，每周末教师到企业对普遍性问题、难点问题进行集中答疑。必要时，企业工程

技术人员予以配合、帮助，确保课程教学质量。

②学生还和以前一样，基本上在 1～2 个岗位上实习半年，通过学习企业特色课程的新型教材，充分认识并牢固掌握自己从事的岗位的相关知识、技能和能力等，边学习边实践，还可以针对岗位工作中存在的不足进行研究，提出改进措施，培养创新能力。

③学生在业余时间通过课程教材学习其他岗位的知识，并与其他同学交流，初步了解其他岗位的知识、技能和能力要求。

④企业还和以前一样，没有增加负担，对学生进行合理的安排和管理。而且，由于学生对实习企业了解得更多，毕业后更倾向于在该企业就业，这在一定程度上可以满足企业对技术技能人才的需求。

第二，专门类型课程。一个专业可以根据企业需要、职业岗位情况，分为复合型人才、创新型人才、企业专班、学徒制专班、大师传承专班或某一岗位类型等多个专门培养类型，并设计相应课程群和相应课程学习成果、课程群学习成果。每位学生在第 4 学期开始选择相应的专门培养类型及其课程。

（三）学习成果体系设计与教材编写要求

1.资历框架标准与职业教育专业学习成果标准

本模块主要介绍与职业教育专业学习成果、课程学习成果相关的具体标准要求，以及在教材编写中应该如何设计预期学习成果。

（1）EQF 的等级标准

2017 年版本的欧洲资格框架（European Qualifications Framework, EQF）中设计了 8 个等级标准，每一级标准都通过知识、技能、责任与自主性三部分进行定义。在 8 个等级中，8 级等同于博士学位标准，7 级等同于硕士学位标准，6 级等同于学士学位标准，1～5 级没有学位与之对应。其中，4～6 级标准如表

4-7 所示。

表 4-7　EQF 标准中 4～6 级学习成果标准要求

等级	知识	技能	责任与自主性
4 级学习成果	在某一工作或研究领域的广泛背景下的事实和理论知识	解决工作或研究领域中的具体问题所需的一系列认知和实践技能	在通常可预测但可改变的工作或学习环境中进行自我管理；指导他人的日常工作，对工作或学习活动的评价和改进负一定责任
5 级学习成果	在某一工作或研究领域内的全面、专业背景下的事实和理论知识，以及对该知识界限的认识	培养创造性解决抽象问题所需的全面的认知和实践技能	在工作或学习活动中有不可预知变化的情况下，进行管理和监督；检查自我和他人的表现
6 级学习成果	工作或研究领域中的高深知识，包括对理论和原则的批判性理解	掌握高级技能并能进行创新，以解决工作或学习中某一专门领域的复杂和不可预测的问题	管理复杂的技术或专业活动或项目，在不可预测的工作或学习环境中承担决策责任；负责管理个人和团体的专业发展

（2）中国国家资历框架等级标准

中国国家资历框架标准是在学习欧盟、英国、美国等先进经验和标准基础上，结合中国国情设计开发的，目前在试验应用阶段，设计了 10 个等级，通过知识、技能、能力进行定义。其中，10 级等同于博士学位，9 级等同于硕士学位，8 级等同于学士学位，7 级等同于高职本科学历（无学位），6 级等同于高职三年制专科学历，5 级等同于高职两年制学历，4 级等同于中职三年制学历。表 4-8 是 4～7 级学习成果标准要求。

表 4-8 中国国家资历框架标准中 4~7 级学习成果标准要求

等级	知识	技能	能力
4级学习成果	具有某一专业领域或宽泛的工作或学习领域广泛的、事实性的、技术性的知识及一些理论性的知识	具有基本的、认知的、技术的沟通技能,并能应用适当的方法、工具、材料及现成的信息,完成常规或非常规活动,为一些可预见的问题提供解决方案	在已知的、变化的环境中和有限的范围内应用知识和技能,展示其自主性和判断力,并承担有限责任
5级学习成果	具有一个专业领域或宽泛的工作和学习领域技术性的或理论性的知识	具有一系列认知、技术和表达技能,能选择和运用各种专业化方法、工具、材料和信息完成一系列的活动,能对可预测的问题提出和传达解决方案,偶尔为复杂的问题提出和传达解决方案	能在不断变化的环境中和宽泛的范围内应用知识和技能,展示自主性和判断力,承担明确的责任
6级学习成果	具有一个专业领域或宽泛的工作和学习领域广泛的、技术性的、理论性的知识	具有广泛认知、技术和表达技能,能选择和运用各种专业化方法、工具、材料和信息完成一系列的活动,能对可预测的和有时是不可预测的问题提出和传达解决方案,偶尔为复杂的问题提出和传达解决方案	能在不断变化的环境中并在宽泛的范围内应用知识和技能,展示自主性、判断力和责任感
7级学习成果	具有一个或多个学习或实践领域广泛和系统的、有深度的理论和技术知识	具有良好的认知、技术和表达技能,能选择和运用各种方法和技术分析和评价信息,完成各种活动,能对不可预测的和有时是复杂的问题进行分析,提出和传达解决方案,向他人传授知识、技能和思想	在需要自主学习和工作的环境中应用知识和技能,展示自主性、良好的判断力和责任感,在广泛的范围内提供专业咨询,发挥专业作用

（3）职业教育专业学习成果标准

职业院校按照中国国家资历框架等级标准中的 7 级学习成果标准，并参考 EQF 中的 6 级学习成果标准设计高职本科专业学习成果标准；高职专科按照中国国家资历框架等级标准中的 6 级学习成果标准，参考 EQF 中的 5 级学习成果标准设计专业学习成果标准；中职按照中国国家资历框架等级标准中的 4 级学习成果标准，参考 EQF 中的 4 级学习成果标准设计专业学习成果。应将确定的专业学习成果标准结合每一个专业情况进行细化和创新定义，使其适合本专业的人才培养目标、课程体系特征要求，但其含金量不能低于国家资历框架标准。

设计课程学习成果标准，应根据课程类别、含金量要求，选择等于专业学习成果等级标准或低 1～2 级；课程群学习成果标准应等于或高于课程学习成果标准。

2.职业教育学习成果体系

为了有效实现培养目标和毕业要求，需要系统策划、设计不同层级的学习成果，通过测评学生完成学习成果的情况，推测、判断培养目标、毕业要求的实现程度。因此，高职院校应该设计构建学习成果体系，并有效组织学生完成相关学习成果，提升教育教学质量和学生实践能力。表4-9 是学习成果体系与层级类别。

表 4-9　高职院校学习成果体系与层级类别

层级	学习成果类别	目的	基本要求
学校级	学校学习成果	通过学校学习成果的实现预测学校培养目标的实现程度	包括学校通识课程群学习成果和通识课程学习成果
专业级	专业群学习成果	通过专业群学习成果的实现预测专业群培养目标的实现程度	包括专业群基础课程群和专业群学习成果、课程学习成果
	专业学习成果	将毕业要求作为专业学习成果的知识、技能和能力要素，设计专业学习成果。通过测评毕业要求的实现程度预测专业培养目标预期实现程度	整合性课程和毕业设计可作为专业学习成果的主体部分。通常将专业学习成果分解为课程群学习成果进行学习训练和测评

层级	学习成果类别	目的	基本要求
课程级	课程群学习成果	通过专业课程群学习成果学习训练与测评,确定各专业课程群的学习目标的实现程度	根据专业课程体系和专业的职业方法情况,确定 3～5 门课程为一个课程群,确定课程群学习目标
	课程学习成果	通过学习训练和测评每门模块化课程、每个独立学习项目的学习成果,确定各课程、项目的学习目标实现程度	根据课程学习目标设计课程学习成果
	课程单元/模块课程学习成果	对于内容复杂的课程,可分解为5～7 个单元或模块课程学习成果进行学习训练,通过测评确定课程学习目标的实现程度	对于相互关联不密切的、难度高的多单元课程,按单元设计学习成果。单元学习成果之间有纵向递进关系或各自独立。课程学习成果应涵盖各单元学习成果

3.新型教材编写与学习成果要求

在开发编写职业教育新型教材过程中,应该设计模块化课程预期学习成果和每个模块课程的预期学习成果。教师在使用教材的过程中,根据预期学习成果设计具体学习成果,提供给学生实际完成。测评学生完成的实际学习成果质量,判断相应预期学习成果是否实现及实现率,最终确定课程学习目标的实现程度。

（1）预期学习成果设计的六个基本问题

在设计每一个预期学习成果之前,有六个基本问题需要自问自答,在有清晰、明确的答案后,再开始设计预期学习成果。

①你想让学生取得什么样的学习成果？（目标要明确）

②为什么要让学生取得这样的学习成果？（需求要确认）

③如何有效地、高质量地帮助学生取得这些学习成果？（过程要设计好）

④如何知道学生已经取得了这些学习成果？（检测要实时）

⑤学生对其取得的学习成果满意度是多少？（评价要完整）

⑥如何保证让学生有效、按时地取得这些学习成果？（改进要持续）

（2）在设计学习成果时注意行为动词的正确使用

不同类别行为动词的内涵和具体要求不一样，不能使用内涵不确定、模糊的行为动词，如"了解""熟悉""掌握"等。

（3）不设计具体学习成果

在教材编写内容中，通常不设计具体学习成果，只设计预期学习成果，这一点要注意。

（4）一般的学习任务训练不是学习成果

在每个模块课程中，通常设计一些不同内容、技能的学习或实践训练任务，这些任务相对单一、简单，不具备完整学习成果的内涵和含金量要求，是为学生集中完成模块学习成果、课程学习成果进行基础准备的训练内容。这些学习任务训练是必要的，其评价标准应根据具体任务内容进行设计。

（四）模块化课程、模块课程与教材系统策划

1.模块课程的定义、特征与教材设计案例分析

（1）模块课程的定义与特征

第一，模块课程的定义。

模块课程是指具有相对完整的知识单元或相对完整的知识、技能、能力单元的课程，模块课程具有相对的独立性，有明确的起点和终点。

学科体系的模块课程需要有相对完整的知识单元。对职业教育来说，模块课程需要具有相对完整的知识、技能、能力单元，属于行动类模块课程。学科

类模块课程和行动类模块课程可以统称为模块课程。以下所讲的模块课程都是指行动类模块课程。

行动体系模块课程的基本结构如图 4-5 所示。

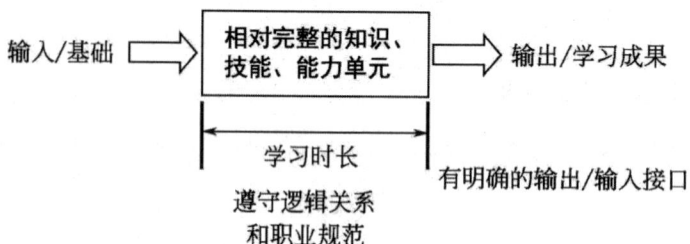

图 4-5　行动体系模块课程结构简图

第二，模块课程有以下几个特征。

①模块课程是一个小型的单元课程，通常在几周内（15～30 课时）可以完成教学任务。

②在一门模块化课程中，各个模块课程之间存在密切的逻辑关系，但各个模块课程是相对独立的。

③每个模块课程都有自己的评价标准和模块学习成果，这些标准具有可操作性。

④模块课程是基于工作模块、工作内容而划分的，不是基于知识逻辑而划分的。

⑤在专业群、专业的模块化课程体系中，一个模块课程可以作为多门模块化课程中的组成部分。

（2）模块课程与教材设计案例分析

案例 1：

模块化课程"报关方法与实践"教材。当地具有海关机构，企业内设有负责进出口业务的工作岗位，对其工作过程、工作任务进行系统分析后，按照工作过程先后顺序划分出新员工岗位认知、进出口商品归类管理、报关单填制、进出口税费申报、一般进出口货物报关等五个工作模块。这五个工作模块之间是串行关系。分别以完成这五个工作模块中的工作任务需要的知识点、技能点、能力点和职业素养、职业道德要求构建五个模块课程。如图 4-6 所示。

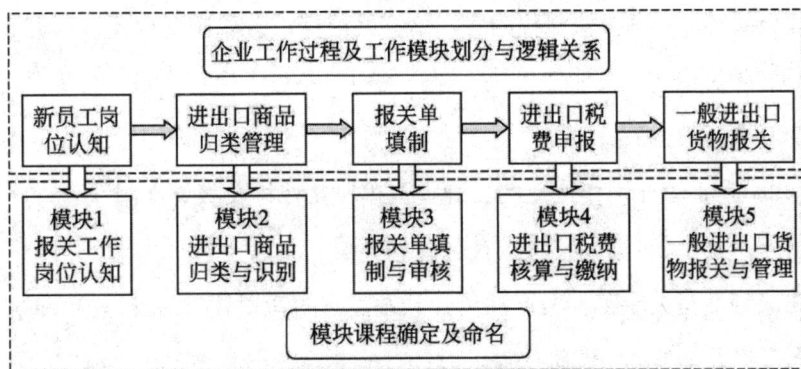

图 4-6 工作模块划分与模块课程确定

模块课程的名称应和工作模块的名称一致并按照学习特征进行适当修正。例如,"进出口商品归类与识别""报关单填制与审核""进出口税费核算与缴纳"三个课程模块名称是根据学习特征要求对工作模块名称进行修正后得到的。模块课程的名称应该是行动导向的语句结构,按照相关要求进行命名。

2.模块化课程的定义、模块课程的数量与教材案例

（1）模块化课程的定义与模块课程的数量

第一,模块化课程的定义。

模块化课程是基于职业岗位、企业产品或项目而策划设计的行动体系的课程。模块化课程是由一组与职业岗位、企业产品或项目实施需要的知识、技能、能力和职业道德、职业素养密切相关的模块课程,按照职业规律、工作逻辑和学习逻辑而构成的一种完整的、独立的课程。模块化课程不是学科体系的课程,是职业教育类型特征所固有的行动体系课程。

第二，模块化课程中模块课程的数量。

基于学习迁移理论分析，一门模块化课程至少应该由 3 个具有一定逻辑关系的模块课程构成，在相同参照系（典型工作任务的六要素）中实现自迁移、近迁移和远迁移的学习成效，使学生能够基本具备举一反三的分析、学习能力。通常以设置 5～7 个模块课程为宜，这样既能保证有效实现自迁移、近迁移和远迁移的学习成效，又能使模块化课程的内容不过于庞大，编写的新型教材确保在 200 页左右为宜。

（2）基于职业工作构建的三种类型模块化课程及教材案例

第一，基于企业产品构建的模块化课程。

在策划编写关于某一类产品设计开发工作的新型教材的过程中，通常以某一种典型产品的"市场调研→需求设计→概要设计→具体设计→编写代码→试验测试→改进完善"工作过程，或者以"设计→物料准备→工艺设计→生产制造→质量检验"工作过程，设计每一个工作模块和模块课程，以此构建完整的模块化课程。

不能只讲授理论、方法，没有完整、可行的产品作为载体。作为载体的产品应选择行业企业通用的，在知识、技术和技能等方面具有典型性的产品。适合不同区域、高职院校的特殊产品可作为学生完成的具体学习成果进行训练。

案例 2：

在模块化课程"手机充电器设计与制作"校本教材中，通过对企业电子整机类产品从设计开发、物料选用与检验，到产品质量检验试验全过程进行系统分析，设计了 5 个模块课程，分别是：AC/DC（交流/直流）开关电源设计与仿真，物料选用与参数检验，电路板布线设计与制作，元器件焊接与产品装配，产品检验方案设计与实施。这 5 个模块课程之间基本上是串行关系。

第二，基于企业工作岗位构建的模块化课程。

通常选择行业内通用的职业工作岗位，且工作岗位中涉及的工作任务比较多、比较复杂、技术技能含量高，其中每一项工作任务都有行业内相对规范的工作标准和要求，如出纳会计岗位、物料仓库管理岗位、数控车床操作岗位、货运汽车驾驶岗位等。这些工作岗位中的各项工作任务可以作为工作模块，据此设计模块课程。每个工作模块之间存在一定的串行、包含、递进等逻辑关系。

案例3：

模块化课程"数控车床编程与操作"教材。有关数控车床编程与操作类的教材很多，有基于知识、技术逻辑编写的，也有项目化的，各有其优缺点。对于数控车床编程与操作工作来说，企业产品不同，需要加工的零件也不同。因此，在选择学习载体——典型产品时，要按照被加工工件的类别选择、设计模块课程。在每个模块课程中选择 3～5 个典型产品作为学习训练载体。通过行业分析，设计了 6 个模块课程：数控车床编程与操作基本方法与训练、轴类零件编程与加工、轮盘类零件编程与加工、套类零件编程与加工、螺纹类零件编程与加工、配合件的编程与加工。

还可以按照数控车床的种类设计 7 个模块课程：数控车床编程与操作基本方法与训练、卡盘式数控车床编程与操作、顶尖式数控车床编程与操作、切削加工中心编程与操作、螺纹数控车床编程与操作、活塞数控车床、曲轴数控车床编程与操作。

第三，基于职业工作流程构建的模块化课程。

基于行业企业中具有普及性、先进性的典型职业工作流程，将整个工作流程划分为 5～7 个工作模块，对应工作模块设计 5～7 个模块课程。每个模块课程中都要有行业规范的工作步骤、标准和质量要求等。在一个具体模块课程中，可以设计 3～5 个不同产品作为载体进行学习与训练。

案例 4：

在模块化课程"物联网监控系统安装与数据分析"校本教材中，通过对企业具有串行、并行关系的 6 个工作模块进行系统分析，设计了 6 个模块课程，构成了模块化课程。6 个模块课程分别是：数据采集与分析、有线通信组网搭建、短距离无线通信组网搭建、低功耗窄带组网搭建、通信协议应用、安全文明施工规范。

3.模块课程之间的逻辑关系分析以及输入/输出接口设计与要求

（1）模块课程之间的逻辑关系分析

第一，在一门模块化课程中的各模块课程之间，存在串行、并行、包含、递进等逻辑关系。原则上按照对应的工作模块之间的逻辑关系设计模块课程之间的逻辑关系，但在特殊情况下，可以调整模块课程之间的逻辑关系。

案例 5：

在模块化课程"报关方法与实践"教材中，7 个模块课程按照一定的逻辑关系构成，前 4 个模块课程是基于工作模块的串行关系构建的，后 3 个模块是并行关系。根据不同区域、不同企业的实际工作需求，后 3 个模块课程可以都学，也可学习其中的 1 个或 2 个。各个模块课程之间的逻辑关系如图 4-7 所示。图 4-8 是模块化课程"手机充电器设计与制作"中各模块课程之间的逻辑关系。

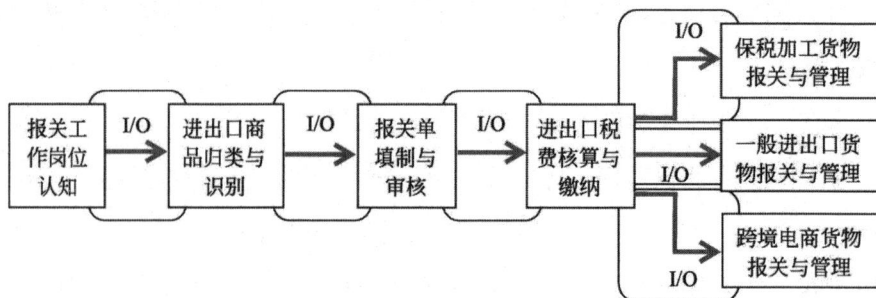

图 4-7 模块化课程中各模块课程之间的逻辑关系

図 4-8　"手机充电器设计与制作"课程中各模块之间的逻辑关系

第二，在模块化课程中，各个模块课程之间有一条看不见的主线——模块化课程的学习目的和学习目标。每个模块课程都要围绕这个主线开展教学和训练活动，通过学生完成每个模块课程和模块化课程的具体学习成果，测评学习目标的实现度。所以，模块化课程教学团队中的每位教师都要理解课程主线和各模块的内容，理解后续模块课程对输入的要求。

第三，每个模块课程之间存在一个输入/输出接口，前面模块课程的输出学习成果作为后续模块课程的输入和基础，确保后续模块课程学习成果、学习目标的有效实现。所以，在每个模块课程学完后都要及时进行学习成果达成度测评，并获得后续模块课程任课教师的确认。

（2）模块课程的输入/输出接口设计与要求

前一个模块课程的输出内容必须大于或等于后一个串行关系的模块课程的输入要求，否则就没法满足下一个模块课程的学习任务和学习质量。也就是说，当一个模块课程的输入或基础条件不能满足规定要求时，这个模块课程的学习质量就难以保证预期实现。这里要注意：输入不等于资源。完成一个模块课程的学习不仅需要输入，还要根据情况提供必要的资源保障。

案例6：

在图 4-8 所示的模块化课程"手机充电器设计与制作"的校本教材中，第1个模块课程至少应该有 6 项输出内容，其中有 3 项也是第 2 个模块课程的输入要求。如果这 3 项输入要求不能得到满足，或者说学生在第 1 个模块课程学习中没有高质量完成学习成果，3 项输出内容不齐全、质量不合格，第 2 个模块课程就没法正确设置各种元器件的检验条件、合格参数值等，也就没法有效完成第 2 个模块课程的学习成果和学习目标。接口设计如图 4-9 所示。

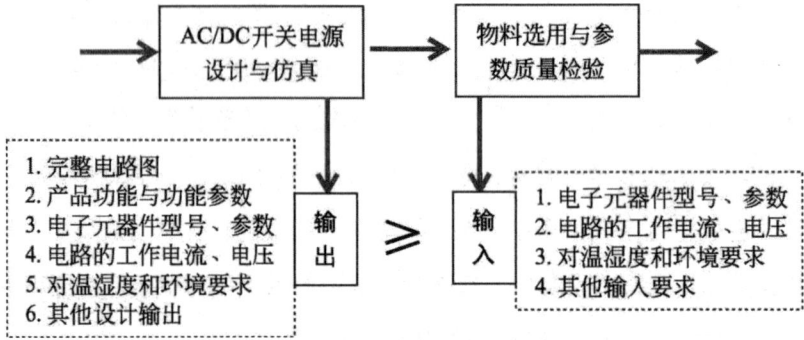

图 4-9　模块课程之间的输入/输出接口设计

（五）模块化课程标准及学习目标

1.模块化课程标准

课程标准是规定某一课程的性质、学习目标、学习内容、学习成果、教学实施、资源要求、评价方法等的规范性教学指导文件。课程标准是进行课程设计、新型教材编写、教学设计、教学成效评价的法定依据。因此，在职业教育专业群、专业模块化课程体系重构完成后，应制定每一门模块化课程的课程标准，为后续新型教材编写、教学工作提供标准和依据。

模块化课程标准包括课程信息、学习目标、课程内容、教学计划、学习考核、课程评价等六部分内容，每部分都有具体的内容要求。

（1）课程信息

课程的名称、代码、类型、修读方式、学时学分、学习地点、答疑安排、联系方式、教学助理等。

（2）学习目标

课程描述、核心能力培养、权重分配、学分分配等。

（3）课程内容

学与教的内容、教学方式、模块课程名称与内容、预期学习成果、指定教材、参考书籍、融媒体信息化学习资源、先修/后续课程等。

（4）教学计划

参考的教学进度（按周）、学习单元与内容、能力指标、学习目标等。

（5）学习考核

学习考核是对学生学业成绩的考核，包括学习成果评价标准、具体学习成果选择建议、测评方式、成绩项目分类及配分、考试标准、实践测评标准等。

（6）课程评价

课程评价是对模块化课程本身的质量评价，包括学习成绩分析、核心能力达成评价、课程质量评价等。

课程标准中的相关指标说明：

核心能力培养及权重分配是指所有模块化课程都应该具备培养学生专业核心能力的功能，其中专业技能所占权重原则上应大于 50%，沟通能力、学习创新、责任关怀、解决问题、职业素养等所占权重在 5%～20%。

依据预期学习成果对知识、技能和能力的标准要求，设计 3 个以上的具体学习成果供教师选择使用，教师也可以依据预期学习成果自己设计具体学习成果。

教学计划仅提供参考，各教师应根据具体情况设计教学计划安排。

2.学习目标与教学目标内涵理解及设计案例

以往，在教学设计中都是以教学目标替代学习目标。在中文语境内，教学目标这个术语有三种内涵：一是教师教的目标，二是学生学的目标，三是教师教和学生学的混合目标。那么，使用教学目标这个术语就有很多问题。在职业教育强调以学生为中心的情况下，使用学习目标更好，让学生知道通过课程学习后自己能够实现的目标，而教师教的目标没有必要告诉学生，教师自己知道就可以了。

模块课程的学习目标必须支撑模块化课程学习目标的实现，通过学生最后完成的学习成果来评价这个目标是否实现。学习成果包含知识、技能、能力和职业道德、职业素养要求。

学习目标分为模块化课程学习目标、模块课程学习目标、任务学习目标三个层次，三个层次相互关联，低层次是高层次的分解和细化，低层次目标支撑高层次目标的实现。

在不同层次学习目标设计中，其涵盖的知识、技能、能力和职业道德、职业素养等要求可能不一样，侧重点也有所不同。

模块化课程学习目标应该充分支撑对应的毕业要求指标点的有效实现，确保对应工作模块中对职业技能、能力和职业道德、职业素养等要求的实现。模块化课程学习目标的制定是有逻辑依据的，如果不能满足逻辑关系和支撑系数要求，则应修正学习目标，否则毕业要求就难以实现，也难以完成工作模块中的工作任务。

案例7：

"电路分析与设计应用"模块化课程的学习目标按照以下逻辑关系进行设计，三个课程学习目标支撑两个毕业要求指标点，两个毕业要求指标点支撑一项毕业要求。如图4-10所示。

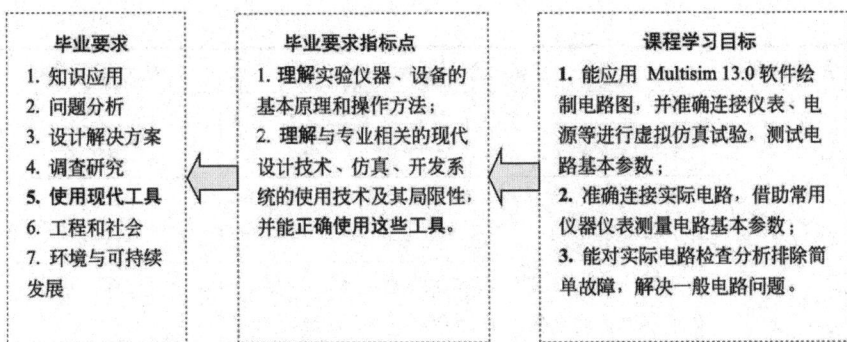

图 4-10　"电路分析与设计应用"模块化课程的学习目标逻辑关系图

在学习目标设计中，一般情况下对知识的实现要求不使用行为动词，直接用陈述性语句表示知识点名称即可。因为在职业教育中，强调的是学生通过学习将知识通过实践进行内化，在职业技能、能力方面的提升和职业道德、职业素养的养成，不是死记硬背知识。

案例 8：

模块化课程"手机充电器设计与制作"校本教材中的学习目标，如下表 4-10 所示。

表 4-10　"手机充电器设计与制作"校本教材中的学习目标

目标代码	课程学习目标	能力指标代码
M1	能正确、有效地将数学、物理等知识应用于电路分析中，正确选择电子元器件，准确设计、分析计算电路参数	FXy2
M2	能应用 Multisim 14.0 软件绘制电路图，并准确连接相关电子元器件、仪器仪表等进行虚拟仿真试验，测试电路基本参数和进行电路设计改进	FXy1 BXy1
M3	理解产品和元器件、物料的功能和参数，能正确制定检验方案并实施检验	FXy1 DXy1
M4	能够设计制作印制电路板，并进行元器件焊接和产品装配	FXy1 EXy1

目标代码	课程学习目标	能力指标代码
M5	在产品设计和装配中，考虑安全和环保等因素，遵守相关标准和职业规范	CXy2 EXy1
M6	能对电路进行分析并解决基本问题，养成自主学习的习惯	BXy1 DXy1
M7	能够养成严谨求实的科学态度、诚实守信的职业道德和团队合作的良好习惯	AXy1 FXy1

案例9：

威海职业院校路景、翟政凯编著的校本教材《移动应用开发技术》中"登录及注册模块的实现"模块课程的学习目标，如下表4-11所示。

表4-11 《移动应用开发技术》中"登录及注册模块的实现"
模块课程的学习目标

知识目标	技能目标	能力及道德、素养目标
1.基本控件 Button、Text View、Edit Text 的使用 2.常用布局 Linear Layout 、 Relative Layout 的使用 3.Activity 生命周期及 Intent 的使用 4.Android 样式及主题 5.简单数据存储 Shared Preferences 的应用 6.文件存储的应用	1.综合运用基本控件、常用布局、样式及主题设计并实现界面 2 通过 Intent 实现 Activity 之间的调准及数据传递 3.通过 Shared Preferences 实现数据的存取功能 4.通过文件存储实现数据存储功能	1.能自觉按照网络安全和国家规范要求设计程序，通过实践提高自主学习能力 2.能精益求精、节约资源进行设计，提升工匠能力 3.能够关注技术发展及创新 4.能够自主探索各种不同技术实现方法，具备科学精神 5.能够主动按照规范开展程序设计，养成良好的职业素养

案例 10：

校本教材《汽车发动机电控部分检修》中的学习任务"怠速控制系统与电子节气门控制系统检修"的学习目标如下：通过本任务的学习和实践训练后，你应该能正确、完整地描述怠速控制系统的结构组成与工作原理；正确、完整地描述电子节气门控制系统的结构组成与工作原理；阅读、看懂怠速控制阀、油门踏板位置传感器和节气门位置传感器的电路图，会检修怠速控制阀、油门踏板位置传感器和节气门位置传感器与电子控制单元（Electronic Control Unit, ECU）的连接电路，恢复工作性能；排除怠速控制阀、油门踏板位置传感器和节气门位置传感器的故障；自觉按照相关规范，做好检查维修过程中的车辆保护工作，确保车辆、工具和设备不受伤害，并养成客户至上的工作意识和作风。

模块课程学习目标和学习成果的设计应满足以下要求：

①模块课程学习目标应有效支撑模块化课程学习目标的实现。

②模块课程学习成果应有效支撑模块课程学习目标的全部实现。

③模块课程的教学内容应支撑学习成果的有效实现。

④模块课程学习目标和学习成果（输出）必须满足后续模块课程的输入要求。

3.预期学习成果等级设计及要点分析

预期学习成果也可以看作与其对应的具体学习成果选择和测评的标准。因此，在课程标准、新型教材中设计各层次的预期学习成果非常重要。在通常情况下，应该先制定模块化课程标准，再依据课程标准编写新型教材。

针对一个专业而言，专业学习成果等级可以直接按照中国国家资历框架标准的相应学习成果等级分解细化设计专业学习成果等级标准。如前所述，高职本科对应 7 级，高职专科对应 6 级，中职对应 4 级。那么，对应具体一门模块化课程、课程群和模块课程的预期学习成果的等级标准如何设计确定呢？这里有一个可参考的确定方法。

以高职专科为例，分别按照表 4-12 中所给出的学习成果等级设计每门模块化课程、课程群和模块课程的预期学习成果等级标准。

表 4-12　高职专科课程的预期学习成果参考等级标准

预期学习成果类别	学校公共课程	专业群公共课程	专业核心课程	专门类型课程	企业特色课程
模块化课程群	5 级	4 级、5 级	5 级、6 级	6 级	……
模块化课程	4 级、5 级	4 级	4 级、5 级	5 级、6 级	6 级
课程单元或模块课程	4 级、5 级	4 级	4 级、5 级	4 级、5 级	5 级、6 级

二、新型教材融媒体教学资源库系统设计

新型活页式、工作手册式、融媒体教材不是一本纸质教材，而是以纸质教材为核心，配套完整的新形态、立体化、数字化的融媒体教学资源库（以下简称教学资源库）的教材。这一部分主要针对教学资源库的设计要点进行说明。

（一）配套教学资源库系统设计及融媒体要求

1.教学资源库的系统性设计原则

新型教材配套的教学资源库设计不是孤立的，应该以纸质教材为核心进行的整体性、系统化设计，以便高质量、有效地构建融媒体教材系统。为此，应按照以下原则进行策划设计。

（1）以纸质教材为核心

纸质教材应该体现出新型教材整个结构体系的全部框架和重要内容。纸质教材中全部呈现重点、难点和定义、行动导向、详细的解析、拓展、第二案例和微课、图像、仿真、系统性训练题目等，在纸质教材中的相关页面、功能区

通过二维码与教学资源库全部对应链接，构建融媒体教材体系。

（2）以学习资源为主体

在教学资源库中，80%左右的资源都应该按照学习资源模式进行设计，将"以学生为中心"落实到学习资源的形式、内容、结构设计中，促进学生自主学习，而不是抄袭、挪用其他地方的资源，将其放到资源库中。所以，无论是教师自己设计开发的资源，还是从企业、其他媒介中引入的资源，都要按照"以学生为中心"的要求进行改造、完善。在资源库中，有20%左右的资源是提供给教师使用的，教师使用的资源应单独分区存放，并按照行动导向教学模式进行策划设计。教师不可照搬其他媒介中的教学资源，而应结合本课程特色、学生学习情况等进行调整，然后再使用。

（3）遵纪守法

2021年6月1日起正式实施的新修订的《中华人民共和国著作权法》，对相关知识产权界定、保护和侵权等进行了新的规定。凡是从其他地方、媒介获取教学资源，必须办理合法使用手续，绝对不容许有盗版、抄袭等侵权违法行为。

2.建设配套的教学资源库网站

学校应提供支持，为每一套新型教材建立一个教学资源库网站，或者在其他公共课程平台中建设教学资源库。

（1）学习资源的主体学习内容

这部分内容是给学生学习使用的学习资源库，包括以下内容：

①课程学习指南。从学生的学习思维、习惯等角度入手，指导学生学习本课程内容，对重点、难点和实践、创新训练的内容等进行详细指导，提高学生的学习兴趣和自主学习能力。

②数字教材。先从第一层次"纸质教材数字化"做起，逐步升级到第四层

"集聚式数字教材"。

③按照纸质教材中的结构目录设计资源包的目录，便于学生对照纸质教材自主学习。

④几十集微课分别与相关模块、项目或任务对应，便于学生查找。

⑤需深化理解的知识、技能和能力等学习资料，分别与相关模块课程、项目或任务对应，便于学生查找。

⑥从多角度解析难点的案例，与教材中的基本案例对应。

⑦进阶式训练题库、自我测试题库、课程考核标准与考核方法。

⑧行业企业拓展性学习资料，企业不同的案例。

⑨往届学生的作品鉴赏，包括优秀作品、存在缺陷的作品，供学生点评，培养学生的质疑、批判和建设性能力。

⑩X证书标准、解读、考核规范、考试样张等相关资料，相关国家或行业标准。

⑪课程学习中必备的工具、仪器和工具类软件使用方法、技巧和下载。如数字万用表、指针万用表、扭矩扳手、数显千分尺等。

⑫关联知识点、技能点的链接。其他课程中与本课程密切关联的知识点、技能点或模块课程，包括作为本课程知识点、技能点的支撑或应用的链接。

二维码链接要求：上述各个栏目及具体内容，都应该在教材中相应页面、位置设置二维码进行链接。

（2）学习资源中的辅助栏目

学习资源库中的辅助栏目按照以下原则进行设计：

①辅助学习资源中，能够与主体结构目录中的相关内容直接对应时，添加在目录的对应位置中。

②辅助学习资源中，不能与主体结构目录中的相关内容直接对应时，可放

置在对应的每个一级目录后边。

③没法与一级目录对应的辅助学习资源，可根据资源的类型分类独立设置，如相关网站、期刊、X证书标准、学分银行等。

（3）教师教学资源的主要栏目

课程教学设计方案、各具体学习成果设计及其评价标准、教案、行动导向具体教学方法应用、实践教学条件设计、教学反思等。

3.二维码应用与融媒体有效实现

矩阵式二维码有 Code one、Aztec、Data Matrix、QR Code 码等不同标准。教师应该提前与对接安装新型教材教学资源库的网站、平台负责人进行沟通，由他们提供二维码标准和生成器，按照二维码规范设计使用即可。

目前，很多教师使用草料二维码生成器编制二维码，效果比较好。教师可以在网站进行免费注册，网站右上角的"帮助"栏目中有使用讲解视频，教师可根据需要学习使用。在"模板"栏目中，有很多免费使用的模板可供教师选择使用。

（二）微课视频设计要点

为推动高职教师专业发展和教学能力提升，促进现代信息技术与学科教学融合，2012 年 12 月，教育部启动了首届全国高校微课教学比赛。现在，微课已经成为新型教材融媒体系统中不可缺少的学习资源之一。很多教师都设计和制作了大量微课，但是，微课不是课堂教学录像，而是经过专门策划设计和制作的，以视频为主要载体，记录教师围绕某个知识点或技能点开展的完整教学活动。

1.选择适宜的微课候选点设计微课

一门模块化课程的内容结构通常分为模块、任务、主题。为了使不同类别的课程能够统一表述，这里将课程内容按照层次划分为 1 级标题、2 级标题和 3 级标题。有些课程没有明确的 3 级标题，这时应该在 2 级标题的内容中选择适宜的主题作为 3 级标题。

①原则上将 3 级标题作为微课候选点。如果 3 级标题中的知识点过多，则可分为两个或两个以上的微课候选点。

②如果课程中没有明确的 3 级标题，则需要分析 2 级标题下的课程内容，找出具备 3 级标题地位和特征的主题内容，单独命名并作为微课候选点。

③每个微课候选点所包含的主体内容是一个知识点或技能点。案例应与其密切关联的微课候选点合并在一起，原则上（特殊情况除外）不宜作为微课候选点。

④对微课候选点逐个进行分析，将其中重要、有难度、有疑点等不通过微课难以学会的候选点设计和制作成微课，而那些简单易懂、不重要的候选点可由学生通过对教材、助学资料的学习进行掌握，不必设计和制作成微课。

2.分镜头设计与景别选择

在微课脚本编写过程中，首先要确定每一个镜头的起点、过程和终点，按照顺序进行编号，然后确定每个镜头应选择哪种景别，想突出呈现什么内容，并根据不同景别要求选择相应镜头进行拍摄。在微课视频拍摄过程中，常见的景别有中景、近景、特写。这三种景别的应用场合与表现内容如表 4-13 所示。

表 4-13　不同景别的应用场合与表现内容

景别	一般应用场合	微课中的表现内容
中景	中景是适合表现人物交流的景别，能使观众看清人物半身的形体动作。在拍摄中景时，场面调度要富于变化，构图要新颖优美	适用于各种类型的微课，重点展示主体教学内容以及与其密切关联的出镜人物（教师、学生和其他人员）和背景内容（设备仪器、工作场所等）

景别	一般应用场合	微课中的表现内容
近景	近景是适合揭示人物内心世界，表现成年人胸部以上部分或物体局部画面的景别。近景画面往往集中在主体上，主体所处的环境空间几乎被排除在画面以外。在表现人物面部神态和情绪，刻画人物性格时，用近景可以充分表现人物或物体富有意义的局部，可拉近被摄人物与观众之间的距离，使被摄人物与观众产生交流感	适用于各种类型的微课，重点展示主体内容画面、文字内容、图像以及实践操作场面，或展示出镜人物(教师、学生和其他人员)，或展示设备仪器，或展示工作环境等
特写	特写出情绪，由远到近适于表现愈益高涨的情绪，由近到远适于表现愈益宁静、深远或低沉的情绪。通过特写，可以表现人物瞬间的表情、情绪，展现人物的生活背景和经历	适用于各种类型的微课，重点清晰地展示公式、动作操作、面部表情、图样、标牌等局部内容

3.微课脚本编写要点

（1）脚本的主要作用

在微课拍摄和制作过程中，脚本的主要作用有以下两点：

①脚本是微课拍摄操作的指导书。在微课拍摄过程中，教师按照脚本要求分镜头开展教学，摄像师按照脚本要求选择景别、镜头、角度等进行拍摄。

②脚本是微课视频剪辑、制作的作业指导书。相关人员要按照脚本要求对录制的微课视频进行编辑制作。

（2）脚本编写的重点要素

在脚本编写中，要体现出相关重点要素，主要包括：

①用详细的语言和画面描述出所需要的内容和结果。

②描述微课呈现的文字、主体内容、气氛、背景和每个镜头的时长（秒）。

③根据镜头中预表现的内容确定选用中景、近景还是特写。

④根据镜头中预表现的重点确定采取平视、仰视还是俯视等角度进行拍摄。

（3）脚本中的主要栏目

脚本中的主要栏目包括：镜头及编号、语音及行动、文字内容、视图及画面要求、拍摄景别及角度、预计时长（秒）等。脚本设计成表格形式，每一个镜头占一行，每个镜头中都包括这6个栏目。在特殊情况下，可以增加新栏目。

4.微课中对实践教学的职业规范要求

在设计微课教学过程中，如果有实践教学内容和相应职业场所，则要求选择规范、符合职业要求的着装、设备仪器、环境条件和操作规范等。设计时应注意以下几点情况：

①在实训室内，设备仪器、工具物料应符合职业标准要求。

②在实训室或车间教学，教师、学生或其他参与人员必须按照职业规范进行着装，包括工作服、防静电服、安全帽、细纱手套、口罩等，不能随意穿戴不符合职业规范要求的服装或物品。

③实践操作部分最好是教师进行示范操作，讲授安全要求和操作要点等，不需要安排专门实践操作师傅进行操作，教师在边上讲解。

（三）三段递进式职业能力训练设计要点

很多高职院校的实践证明，结合线上线下教学模式设计三段递进式职业能力训练题库系统具有很多优势，并能取得较好的教学效果。

1.三段递进式职业能力训练的主要作用

三段包括两层内容：一是按照时间分为课前自学、课中研讨学习、课后强化训练三段；二是按照难易程度分为简单、复杂、创新三段。这种设计符合职业成长规律、学习规律，可以减少学生学习的难度和压力，提升学生的学习兴趣和成就感。

在设计的训练题目中，复杂、创新题目都来源于行业企业实践或社会实际，避免随意编造，使其失去职业特征和对学生的吸引力，这样可以培养学生的职业素养、工匠精神和创新能力。

2.课前、课中、课后作业设计与训练要求

（1）课前自学的进阶式作业设计要求

每集微课后设计 4～9 个题，包含微课教学焦点和相关知识点、技能点，分为 2～3 个难度等级，满足不同学生的需求。

①题型为选择题、填空题、判断题、简答题，必要时可设计综合分析题。

②采取激励方式，实行阶梯式升级考核体系，自动评分，激发学生的学习兴趣。

③微课程教学平台应具备自动评分、激励、晋级功能，以及在学生做错时提示禁止继续做题，直到学生全做对后再启动放行的功能。

（2）课堂中、课后完成的综合性作业要求

设计 2～4 个较为复杂的应用计算、综合分析类作业题，每个题通常需要10～15 分钟完成。或者开展实训、试验、实验、实践操作训练。

①每个题涵盖 2 个以上知识点、技能点，包括对应的微课中所有教学焦点和微课以外的相关知识点、技能点。

②完成单元学习总结，针对问题提出改进措施。课中没有完成的创新题目可让学生在课后继续完成。复杂的创新题目应给学生较长的课余时间予以完成，确保质量。

③原则上可以安排学生团队轮换批改部分作业和创新题，培养学生发现问

题、分析问题和解决问题的能力。

（3）对设计创新题目的要求

这些题目应源于行业企业实践或社会实际。

①开始先设计一些简单的题目，然后逐步加大题目难度和应用知识的广度和深度。

②每门模块化课程安排 8～12 个创新题目，分阶段进行学习训练。

③创新性题目通常没有标准的解决方案，只有最佳方案。

④可采取研讨、试验方式或以教师为主进行测评，要注意发现创新点。

3.基于职业岗位任务训练的题库建设

高职院校要组织教师经常到企业进行调研，得到更多的系统性、完整性信息，以便不断完善实践训练题库内容。在通常情况下，将典型工作任务作为新型教材中的主要内容用于课堂教学，将调研到的相关工作任务、新增工作任务等进行规范、完善后纳入题库中，用于学习强化训练和深度学习。设计职业岗位任务训练题的基本原则是：

①源于企业，必须基于行业企业的工作过程，系统化调研获取信息。

②纵向深化，对企业任务进行技术技能深度挖掘，培养创新型人才。

③横向扩展，对企业任务进行技术技能横向扩展，培养复合型人才。

④问题分析，对企业任务设置问题等，训练学生分析问题和解决问题的能力。

⑤技术改进，对企业任务提出新功能指标，训练学生的技术研发能力。

第五章　高职教育科研管理创新

第一节　高职教育科研管理的
意义与原则

科研管理是高职教育管理的重要组成部分。加强科研工作的管理，探索科研管理规律，提高科研管理水平，对推动高职教育教学改革、促进科学技术发展、加速人才培养具有十分重要的意义。

一、高职教育科研管理的意义

（一）科研管理是高职教育管理的重要内容

高职教育的管理工作涉及方方面面，科研管理工作是其重要的组成部分。高职教育是高等教育的一种类型，学制的设计、专业的设置、课程的开发、实践教学环节的实施、人才培养模式的构建等，虽与行政管理、教学管理等有联系，但如何优化，使其适应社会经济发展却是研究的内容。如果不能进行各方面的研究和探索，就难以形成办学的特色，高职教育就难以健康发展。因此，必须加强高职教育的科研管理，只有这样，选题、研究的组织、研究的经费等方面才可能得到保证，才可能避免科研资源的浪费，管理也才是全面的。

（二）科研管理是高职教育提高人才培养质量的重要途径

高职教育开展科研管理，有利于突破传统知识型、学历型教育思想和教学体系的束缚，促进教学思想的转变和教学改革的深化，使高职教育摆脱普通高等教育压缩型的模式，真正办出自己的特色，形成办学优势，提高培养人才的社会认同度。

高职教育开展科研管理，是更新教学内容、提高教师学术水平的有效手段。教育具有双重功能：一方面是传播人类已有的知识成果，继承民族的文化遗产和优良传统；另一方面是培养人们的学习能力、创新能力。只有深入开展科研管理，使科研走在教学前面，教师才能捕捉到最新信息，提高自身的学术水平，同时将最新的科学成就及时、有效、生动地融入教学中，不断更新和丰富教学内容，提高人才培养质量。

高职教育开展科研管理，特别是开展应用型科研管理，有利于培养学生的独立思考能力和实际工作能力。正常的教学活动可以使学生增长智慧，获得知识，包括专业技术知识。但是，要提高学生的实际工作能力，培养学生的创业精神、开拓精神，光靠读书和听讲是不够的，必须通过科研和实际的训练，才能达到这个目的。因此，高职教育要加强科研管理，在科研中提高教师的学术水平及学生的思维水平、创造能力，使培养的人才在知识、能力、素质结构方面都得到优化，使高职院校形成自己的人才培养特色。

（三）科研管理是促进高职教育自身发展的重要条件

高职教育的教学管理和科研管理之间有着内在的联系，它们是相辅相成的。其中教学管理是基础措施，科研管理是提高手段，科研管理可促进教学管理的发展。离开了科研管理，高职教育办学就会缺乏活力，发展就会受到限制。

高职教育在我国发展时间不长，许多高职院校在办学方向、专业设置、课程改革、教学方法、人才培养、毕业生就业推荐等方面还没有形成完善的模式，办学特点尚不明显。开展科研管理，可以有力促进高职院校发展。

高职教育通过开展科研管理，可以提高学校的经济效益。有人认为，高等教育仅仅是"消费"，而不是"生产"，因而不讲效益，这是不正确的。近几年来，高职院校已经把吸收社会资金能力、资金周转能力、资金周转速度、科研成果转化率和经济效益水平等列为评价科研管理工作的重要指标。可持续发展能力的不断增强，使办学层次的提高成为可能，为高职院校的系统化创造了条件。

二、高职教育科研管理的原则

要搞好科研工作，完成科研任务，多出成果，快出成果，就必须加强对科研工作的管理。高职教育科研管理要坚持以下原则。

（一）坚持正确方向

为国家的经济建设服务、为教育教学服务，是高职教育的科研管理必须长期坚持的正确方向。高职教育的科研管理必须紧紧围绕国家的总目标，牢固树立为经济建设服务的思想，积极主动地为国家、地方和企业解决经济建设中的科学技术问题。高职教育的科研管理，还要树立为教育教学服务的思想，积极开展教育科学的研究，改进教学方法，探索教学规律和管理规律，促进高职教育的教学改革。

（二）坚持改革

高职教育要研究和尊重科学技术的发展规律，从实际情况出发，做好科研管理。当前应研究改革的主要内容有：改革管理手段，开拓技术市场，解决单纯依靠行政手段管理科学技术工作等问题；在对国家重点项目实行计划管理的同时，运用经济杠杆和市场调节手段，增强学术科研机构的自我发展能力；加强与企业、地区的合作，改变研究、设计、教育、生产脱节的状况；改革经费管理，拓宽经费来源渠道，积极争取企业等的投资。总之，在科研管理中，应积极改革不合理的管理方法、管理制度、管理思想等。

（三）坚持科研与教学相结合

高职教育担负着培养高技能人才和发展科学技术文化的双重任务。培养人才是高职教育的根本任务，提高教育质量是高职教育的工作中心，但这与科研工作并不是相斥的。科研不仅能够直接促进社会生产力的发展，直接为国家的经济建设服务，而且能够有力地推动人才的培养和教育质量的提高。从培养人才的意义上说，教学是科研的基础和前提，而科研则是在教学基础上的提高和发展，它们是基础与提高的关系。从教学内容更新的要求来讲，现代科学技术发展十分迅速，而且技术转化为产品和形成产业的周期大为缩短。也就是说，只有开展科研管理，人们才能不断获得新的知识和能力，才有可能接近或进入世界科技发展的前沿领域，各学科的教学内容才能不断更新和保持一定的先进性。高职教育的科研管理工作必须遵循科研与教学相结合的原则。

（四）坚持科研与生产相结合

教育能不能作为一种生产力，高职教育要不要讲经济效益、能不能创造社会商品价值，长期以来人们在这些问题上存在模糊的认识。许多人认为学校是纯消费单位，科研成果如何向生产转移、如何促进技术成果商品化的问题，是企业的事情。在新形势下，高职教育必须打破旧的传统观念，改变鄙薄经营工作的错误认识，树立科研与生产相结合的新思想。因此，高职教育的科研工作必须和生产结合，促进技术市场开拓，疏通技术成果流向生产的渠道，使生产对科学技术的要求迅速成为研究的课题，将研究的成果及时应用于生产。科研需要通过生产发挥效益，而生产在科学技术成果的基础上才能得到更好的发展。

（五）坚持横向联系模式

高职院校要革除研究、设计、教育与生产脱节的弊端，主动自觉地推进多层次、多形式的横向联系，积极开展国际学术交流和合作研究，走合作创新之路。横向联系的形式要与合作内容和对象相适应。横向联系应坚持自愿、互利的原则，责、权、利要在协商一致的基础上，以合同或协议的形式予以明确。

（六）坚持经济效益和社会效益相统一

所谓经济效益，就是要考虑从事这项研究工作所需的投资消耗，在研究过程中如何充分发挥人力、物力、时间、信息等资源的最大作用，尽量缩短研究周期，尽快使成果转化为技术商品或生产力。所谓社会效益，主要是看研究项目的社会需要和先进性，研究成果的学术意义、科学水平和对社会发展的影响。在评定科研成果时，不仅要评定其学术价值和对科技、社会发展的作用，还要评定其使用价值和研究投资是否合理，推广以后对生产和国民经济发展的作用大小。那种不讲经济效益或者单纯追求经济效益而忽视社会效益的思想倾向都必须克服。

第二节　高职教育科研管理
存在的问题与解决办法

一、高职教育科研管理存在的问题

（一）科研管理人员的配置比较紧张

高职院校普遍存在师资力量较为薄弱、学术氛围不够浓厚等问题，缺乏高层次的科研人才和强有力的科研团队，科研基础较为薄弱，科研意识较为淡薄，校方往往重教学、轻科研，对科研管理工作的重视程度不足。这就导致高职院校虽然有许多职能部门，但科研管理人员的配置比较紧张，科研团队缺乏专职的管理人员。

（二）科研管理体制机制不健全

目前，我国高职院校普遍采用由学校、院系和科研团队组成的三级管理模式。在实际的管理过程中，沟通机制不健全，加上各职能部门的管理惯性、科研团队成员的特点等，往往容易导致职能部门与科研人员之间产生摩擦，直接影响到科研管理的效率。

此外，部分高职院校还存在科研管理制度不够细化，修订不够及时，相关激励与约束机制不足，缺失有力的制度保障等问题。

（三）科研管理信息化程度不高

高职院校作为重要的科研机构，需要收集、保存、处理、统计大量的校内科研信息。科研管理信息化是高职院校管理信息化的重要组成部分。推动科研管理日常工作的规范化和科学化，加强科研项目和成果的信息化管理是高职院校提升科研管理水平的重要途径。

随着互联网的普及，我国许多高职院校已经开始引入管理平台和系统进行数字化办公。笔者通过研究发现，高职院校科研管理信息化程度仍然较低，日常的科研管理工作仍然需要依靠人工操作，这在一定程度上会浪费时间和精力，由于操作人员的疏忽和失误造成的数据错误也增加了后期阶段的人工审计工作量。除此之外，不同的单位和部门无法共享数据库中的信息，这也容易导致不同单位和部门之间信息无法共享、数据无法同步，以及可能出现的重复收集、统计、审核信息的问题，增加不必要的工作量。

二、高职教育科研管理问题的解决办法

（一）加强专业科研管理队伍建设

高职院校应加强专业科研管理队伍建设，切实增加科研管理人员的数量，培养综合素质良好、创新能力强、团队意识强、熟悉业务、善于协调管理的科研管理人员。科研管理人员应当强化服务意识，增强组织策划、沟通协调和综合服务能力。只有高效率、系统化的管理才能最大限度地借助校内外的有限资源实现预期的管理目标。

（二）建立健全制度体系，加强科研管理体制机制建设

1.完善科研管理制度

制度建设是科学、规范管理的重要保障，主要涉及两个方面：一是制度完善和制度规范，这是制度建设的根本要求；二是制度创新，重点在于制度是否能够发挥激励作用。高职院校应当根据上级部门的要求，结合科研发展的新形势，立足于本校科研工作的实际情况，及时调整科研政策，修订和实施相关管理办法，完善沟通、激励和约束机制，进一步规范科研管理工作。

2.优化科研管理体系的结构

高职院校科研管理应突出"科研"的地位，构建"以项目团队为核心，平台由院系和部门提供，资源由高职院校分配"的科研管理体系，围绕项目团队开展工作，减少数据管理、财务报销等事务性工作压力，使研究人员全身心地投入到研究中去。

（三）加大科研经费投入，加强科研管理信息化建设

高职院校应加大科研经费投入，加强科研管理基础设施建设，适时购买相关科研管理硬件和软件设施，为科研管理工作夯实物质基础。

高职院校应积极加强科研管理信息化建设，建立科研管理服务平台，构建可共享、可管理、可持续的科研渠道，推进科研服务管理一体化进程；整合科研管理部门、财务部门、资产管理部门等相关部门的信息和资源，实现科研信息和数据共享，提供更加便捷有效的服务；实现预算实时控制、申购实时审核、经费实时查询等功能，促进科研经费使用和报销审批流程的高效化；提供数据统计分析，为监管部门履行监督职能提供数据依据，为领导决策提供参考；切实提高科研经费管理效率和便利化程度，促进管理科学化和服务高效化。

总之，高职院校要立足于自身实际情况，通过上述方法进一步加强科研管理，促进科研工作的可持续发展，提升整体科研水平，推动自身的高质量内涵式发展，为我国经济社会发展作出更大贡献。

第三节　高职教育科研项目管理

科研项目是高职院校科研工作的主要载体，担负着"质量立院，特色兴院，科技强院"的重要使命。

一、科研项目的类型、申报与评审

（一）科研项目的类型

1.纵向项目

纵向项目指从国家部委、省厅机构、地市局等处申请到的各级各类科研项目。

2.横向项目

横向项目指外单位的科研项目与高职教育合作产生的协作项目。

3.院级项目

院级项目指根据各专业的发展建设，结合区域经济和当前社会发展的需要，由高职院校各系、部、教研机构认真研讨后提出的适合自身研究的相关科研项目。

（二）科研项目的申报

高职教育组织实施科研项目包括纵向项目、横向项目和院级项目，其中院级项目分为自然科学研究、社会科学研究、应用技术开发及高职教育研究。以上项目根据选题价值、研究的规模难度及预期成效分为重点项目（A类）和一般项目（B类）。

纵向项目须在列为院级立项项目的基础上按一定程序申报；横向项目须由学校与项目委托方签订技术合同。项目负责人应将项目设计书和合同约定内容报批后，按合同评审流程签订技术合同。

对院级项目，学院在广泛征求各方面的意见后，每年发布一次科研项目指南，科研人员依据项目指南有选择地进行申报，必要时也可申报项目指南以外的自选项目。

重点项目是指被学校列入计划经费资助的项目（资助额度由校学术委员会根据项目实施情况审批），其申请者必须具有副高级以上职称。一般项目是学校为鼓励、引导广大教职工积极从事科研工作，营造良好的科研氛围而特地设立的一种可提供项目启动经费的科研项目，其申报者应具有中级以上职称。

对基础性项目，提倡吸收初级职称教职工或毕业班优秀学生参加；对应用性项目，提倡吸收有实际工作经验的校内外人员参加。项目组成员应具有合理的学术梯队，人数一般不少于 3 人，并由申请人担任组长。项目申请人每次只能申请一个院级项目，已承担院级项目的尚未结题者，不得再申报新的院级项目。

（三）科研项目的评审

1.项目评审的程序

系、部组织有关教师对申报的项目从专业角度进行初审，科研处对各单位上交的科研项目进行分类汇总并从管理角度进行二审，校学术委员会专家对符合申报要求的项目进行综合评审，评审结果需公示，并下发通知。

2.项目评审的主要依据和原则

申报项目原则上以项目指南为依据，项目的评审着眼于项目的理论意义和现实意义，所有项目应立足国情、立足当代、立足专业建设，研究目标明确，内容充实，论证充分，研究思路清晰，研究方法科学可行。申报的项目一般应具有一定的预研基础，即具有一定数量的相关研究成果和一定的资料积累。

二、科研项目经费的分类、管理与使用范围

（一）科研项目经费的分类

科研项目经费分为纵向项目经费、横向项目经费和院级项目经费。

纵向项目经费指上级政府部门下发的各类项目经费；横向项目经费指以学校名义与相关部门或企业签订的科研、技术培训、技术合作及技术开发项目的经费；院级项目经费指由学校立项、拨款的经费。

（二）科研项目经费的管理

所有科研项目经费须进入学校财务处科研专用账号，由财务处统一管理。任何个人和单位不得以任何理由截留、私分、转移经费。科研项目经费必

须做到专款专用，项目开题前应填写经费使用计划，项目结束后应对项目经费使用情况进行审计。

（三）科研项目经费的使用范围

科研项目经费由项目负责人安排使用，但必须接受科技处、财务处的监控和管理，同时受审计部门及项目负责人所在单位的监督检查。对违反财务制度及挪作他用者，视其情节采取警告、停止拨款、追回经费并处以罚金等处理。下面具体论述各项目经费的使用范围。

1.纵向项目经费使用范围

（1）哲学、社会科学项目

①资料费（含购买图书、音像制品、软件的费用，以及复印、抄录、翻译等费用）；②调研费用、参加相关会议费用、检测经费、差旅费；③文具费；④计算机机时费、上网服务费；⑤成果印刷费、论文版面费、著作出版费；⑥为完成科研项目而必须召开的小型会议场地租用费和午餐补助费，费用开支标准依照国家有关规定执行；⑦必要的设备购置费（购置设备必须报科技处审核，经校分管领导批准）。

（2）自然科学和技术开发项目

①设备样品购置费，指研究、开发项目所必需的专用仪器、设备购置费，研究项目的样品、样机购置费以及为此发生的运输、包装、安装和零星土建费用，设备费可占项目经费的25%以下；②能源材料费，指进行项目研究、开发、试验所需零配件的购置费用以及为此发生的运输和包装费用；③试验外协费，指研究、开发项目带料外加工或因本单位不具备条件而委托外单位协作进行试验、加工、测试计算等发生的费用；④资料、印刷费，指进行项目研究、开发所发生的购买书刊、资料、计算机软件等的费用以及印刷的费用；⑤租赁费，

指进行项目研究、开发、试验而租赁的专用仪器、设备、场地等所发生的费用；⑥差旅费，指为项目研究、开发而进行调研所发生的费用和与项目研究有关的专题技术、学术会议的费用；⑦鉴定验收费，指科技成果鉴定、验收所发生的费用。

2.横向项目经费使用范围

按双方签订技术合同规定的经费使用计划执行，经费使用必须符合国家及学校有关财务制度和政策。

3.院级项目经费使用范围

①资料收集费，包括打印、抄录、复印、翻译、录音、录像等产生的费用；②购买图书资料、音像制品和软件等的费用；③论文版面费；④调研差旅费；⑤必要的设备购置费（购置设备必须报科技处审核，经校分管领导批准）。

三、科研项目中期管理、验收与结题

（一）科研项目中期管理

第一，高职教育科研部门要定期对立项科研项目进行检查。检查的内容包括项目研究的进度、研究计划的执行情况、项目经费的使用情况、已取得的阶段性结果、项目实施过程中存在的问题以及解决问题的方法、下一步研究工作安排及所需经费。

第二，科研项目经批准立项后，不得随意变动。如果确需对项目范围和研究重点进行调整，则应在不违背申报内容的前提下，由项目负责人提出申请，科研部门审核，学术委员会审议，校长批准。对于需延期进行的科研项目，须及时填写科研项目延期结题报告书，将延期的缘由上报科研部门，经批准后，可不按逾期对待，但批准延期的项目不再增加资助经费，延期结题只能申请一次，时间不超过一年。

第三，对项目负责人因工作变动、健康等原因不能正常进行研究工作且无人替代的研究项目，应由科研部门提出意见，经学术委员会审议，校长批准后作出撤销决定。对下列项目，应由科研部门提出意见，经学术委员会审议，校长批准后作出撤销决定，且两年内不得再次申请立项：①中期检查时，无故未开展研究的项目；②无正当理由未能按期完成研究的项目；③未经批准擅自更改研究方向、研究计划以及负责人的项目。

（二）科研项目验收与结题

第一，项目完成后，负责人应分别填写结题报告书等相关文件，与项目成果（包括论著、研究报告、技术文件等）及有关材料（包括获奖证书、专利证书、使用部门证明等）一并函审后，将所有材料报科研部门备案。

第二，项目成果为论文、专著（含译著）、教材者，应在国内合法刊物（不包括增刊、专刊、论文集）上公开发表或正式出版；成果为其他形式者，应有相关证明。

第三，项目负责人未按项目计划进行实质性研究，而以其他成果代替项目最终成果的，将不予验收，并按项目未完成处理。

第四，对于无故未按期结题者，学校不予报销科研经费，借支经费按财务处规定返还，项目负责人不得再申请立项，不得参评科技工作先进个人。

第四节　高职教育科研管理理念、
队伍与机制的创新

一、科研管理理念的创新

高职教育科研管理的目的就是通过科学的管理手段，使科研工作高效运行，资源得到合理配置，科技成果迅速产出，科技服务能力进一步提升。但是目前，高职教育科研管理多局限于对科研各环节的事务性管理。因此，更新科研管理理念是一个重要问题。

科研管理存在的诸多问题无不与人相关，以人为本就是要将广大教师置于科研工作的核心，确立教师的主导地位，通过有效的管理活动来激发和调动教师从事科研的主动性、积极性和创造性，从而实现高职教育科研工作的目标。

高职院校要树立以科研带教研、以教研促教学、教学与科研并举的理念。高职教育的科研与教学并不矛盾，高职教育领导和科研管理部门应努力为教师营造平等竞争的良好环境、氛围，使他们的积极性和创造性得到充分发挥。

二、科研管理队伍的创新

科研管理人员是科研管理体系创新的主体，科研管理创新水平在很大程度上取决于科研管理人员的综合素质、创新意识及创新能力等。科研管理人员的思维方式、行为方式和服务形式应表现为两个"强"：服务意识、知识产权保护意识、效益观念强；信息获取及处理能力、服务能力和公关能力强。科研管理人员要打破常规的思维定式，摒弃陈旧落后的管理思想，树立创新意识，具备全局性和前瞻性的思想和观念，主动适应科技市场，为科研人员提供各类科技信息、技术转化途径等方面的服务，将各项管理工作贯穿高职教育科研工作的各个环节。

三、科研管理机制的创新

（一）竞争机制创新

高职教育科研工作中两个大困难是队伍整合难、资源共享难，科研竞争大多体现在个体（院校、科研人员、研究所）之间，导致项目小型化、单干倾向突出，个体之间彼此封锁信息，难以开展联合攻关，难以形成创新群体。为此，高职教育科研管理人员要提倡群体竞争、团队竞争，建立以合作为基础的新型竞争机制，正确处理竞争与合作的关系，在倡导竞争的同时强调合作，保证科研人员能加强联系与合作，促进其在相互联系的动态过程中形成合力，产生最大的效能。同时，倡导在高职院校之间、研究所之间以及科研人员之间展开竞争与合作，以实现高职教育科技系统的整体优化。

（二）激励机制创新

激励机制的主要作用是能起到激发作用，充分调动广大教师从事科研工作的积极性，激发他们的创造性，使之在这种机制的作用下，更深刻地认识到高职教育科研工作的重要性。

激励方式主要有目标激励、政策激励、经济激励、情感激励等。高职教育科研管理人员在参考这些激励方式的基础上，制定适合本校发展的激励机制的整体规划，并在整体规划的指导下，兼顾不同群体或个体的差异来进行激励，使激励成为促进本校科研可持续发展的有力依托。同时，对科研人员实施激励机制时，高职教育科研管理人员还应根据教师科研能力的具体情况，合理设置激励的"度"。高职教育科研管理人员在设定的激励目标和激励强度时要适度，同时应把握好精神激励与物质激励的"度"。只有这样，才能真正将激励机制纳入科研管理的有机整体中，促进高职教育科研工作的全面发展。

（三）约束机制的创新

约束机制的作用主要在于对科研行为的规范，无论是纵向项目、横向项目还是院级项目，在对论文质量的衡量上都必须进行约束，否则将给科研工作带来负面影响，甚至会给学校带来很大的损失。例如，有些学校管理文件中的项目管理办法规定实行科研项目中期汇报制度，无论是纵向项目还是横向项目，项目负责人必须在项目中期填写"项目中期检查表"，并将其报到科研处，学校组织相关人员对项目完成情况进行检查，从而起到约束作用。

第六章 推进资助育人工作
发展创新

第一节 精准资助育人

所谓"精准资助",就是在资助育人工作中要因人制宜,即精准识别、精准管理、精准帮扶。精准资助是精准脱贫的重要组成部分。在确保经济资助的基础上,全面推进就业实践,让学生自信地走在实现美好生活愿望的征途上,是每一位教育工作者的责任。

在国家不断加大政策扶持力度的背景下,社会各界积极参与,高职院校精准资助育人工作也不断改革创新,工作水平有了明显提升。但是受多方因素的影响,高职院校精准资助育人工作在推进过程中仍然面临着诸多现实困境。在分析和把握诸多影响因素的前提下,高职院校要不断强化认识,总结实践经验,积极探索出精准资助育人工作的新方法。

一、树立以需求为导向的精准资助育人理念

在开展精准资助育人工作的过程中,相关工作人员应该树立以需求为导向的精准资助育人理念,准确把握学生的现实需求,科学、精准地实施不同的资

助育人政策，这是学生实现全面发展的重要保障。树立以需求为导向的精准资助育人理念，需要重点把握内容、时间、层次三个方面。

（一）针对不同种类的需求开展对口精准资助

一是针对有学业困难的学生开展学业帮扶。在大学阶段，学生的主要任务是学习专业理论和技能，顺利完成学业任务。但是，部分学生的学业水平有待提高，学习效果欠佳。针对在学业方面存在困难的学生，高职院校可跨院系、分专业尝试建立以学生为主体的学习帮扶组织。该组织中包含两种角色：一种是学习成绩较好、能力较强的学生，这类学生可承担授课帮扶的角色；另一种是学习能力不强、成绩欠佳的学生，这类学生可作为接受帮扶的对象。对他人进行授课帮扶的学生在帮扶他人的同时，既能巩固自身所学的知识，又能获得一定的经济补助；成绩欠佳的学生也能通过此种形式得到帮助，提高学业水平。这样能够较好地实现学生内部互助的良性互动。

二是针对在思想和心理方面存在问题的学生，开展思想政治教育和相关素质养成教育。高职院校可以通过开展主题教育和素质拓展活动，端正学生思想，努力提高其道德水平，积极引导学生形成正确的思想观念和价值取向。高职院校应充分利用校内心理咨询室等平台，对在心理方面存在困扰的学生开展对口咨询和沟通谈话，还可与社会机构合作，对情况较为严重的学生进行专业性治疗。此外，高职院校还可鼓励学生参加课外竞赛，举办教育知识讲座，增强学生的自信心和感恩意识，培养学生自立自强的优良品质。

三是针对有就业困难的学生开展职业能力培训和职业素养教育。学生若要改变家庭经济状况，较为直接、有效的办法是提升自身能力，立足职业岗位获取劳动收入。在学生即将踏入社会的毕业阶段，集中师资和场地，对有就业困难的学生开展技能培训和就业指导，能有效地为学生提供就业思路和平台，使其将知识和技能转化为财富，从而助其实现经济脱贫。另外，高职院校可在资助育人经费中划拨一定比例的经费，专门用于开展各类资助培训项目活动，实施就业指导培训，有条件地给予部分家庭经济困难学生就业补贴。这样就把以往传统的高职院校单方面"给予"的资助模式转换成为高职院校和学生共同参与，以学生主动改变为前提"能动"的资助育人模式。

四是针对经济欠发达地区及家庭经济困难的学生，给予更多的资助关怀。由于地域经济发展不平衡，部分经济欠发达地区的学生入学存在困难。高职院校在招生录取过程中，应当结合实际情况，有计划地对教育资源稀缺或经济发展落后的地区给予适当的优惠政策，为此类地区的学生提供更多入学接受教育的机会。优质的教育教学资源也应充分向经济、文化、教育欠发达地区渗透，这也符合教育公平的理念。对于残疾学生，高职院校应充分保障他们的受教育权利，不能将他们拒之门外。

（二）精准把握学生在不同时间段的需求

第一，入学阶段。资助育人工作者要充分把握时机，对学生信息进行整理分类和摸底排查。一方面，资助育人工作者要为新生提供相应的物质资助，解决其经济困难问题，同时可通过入学心理测试，对学生的心理状况进行初步了解，对有明显心理问题的学生进行跟踪关注，有针对性地帮助其解决心理问题；另一方面，在对学生进行入学教育时，资助育人工作者要挖掘学生的特长和潜能，培养其与他人沟通合作的能力，帮助其树立生活信心。

第二，在校阶段。资助育人工作者要根据前期建立的学生资助档案卡，结合学生的各类需求，有针对性地开展各种资助活动，通过发放助学金、提供勤工助学岗位以及开展学业指导、心理教育等，提高他们的个人修养和综合能力。该阶段应注重加强与学生及其家庭的沟通，在工作推进过程的不同阶段要及时与家长交流，及时掌握学生的思想和心理状况，以便实施动态管理，给予其更有针对性的帮助。

第三，毕业阶段。资助育人工作者要有效利用学校就业指导中心和众创空间资源，为即将毕业的学生提供职业面试技巧辅导和实习机会，为有进一步能力提升需求的学生积极创造条件。

总之，资助育人工作应从时间发展角度准确把握学生从入学到步入社会各个阶段的不同发展需求，准确发力，因人制宜，按需施助，积极引导学生实现全面发展。

（三）认清学生的需求具有多层次性

由于经济方面受限，家庭经济困难学生在多个方面的需求均不能得到有效满足。部分学生受困于焦虑的状态，基本的生活需求无法得到满足；在学习和生活方面，他们也会因物质生活的匮乏、理想与现实的差距，产生不平衡的心态和不安情绪，缺少安全感；在经济窘迫的现实状况下，不少学生内心敏感，容易产生自卑感和极端心理，因此在人际交往方面容易与他人产生矛盾和分歧，从而严重影响其社交需求的满足。他们渴望得到他人尊重，但又不愿向别人透露自己真实的经济状况，从而无法克服心理障碍，不能满足自身受尊重的需求。学生渴望实现自我发展，但是由于经济困难，他们的发展机会往往会受到限制，自我实现需求不能得到保障。可见，学生的需求是多层次的，在当前高职院校资助育人体系的保障下，对学生的物质资助解除了部分学生在经济方面的担忧，也在一定程度上满足了其生理和安全需求，同时还使学生能够实现更高层次的需求。

二、创新精准资助育人人才培养

（一）紧扣社会发展需求，改革创新人才培养模式

当前高职院校毕业生就业比较困难，就业压力较大。不少高职院校在人才培养战略定位上逐步发生转变，以培养应用型、技能型人才为发展目标。结合社会经济发展趋势、行业发展动向和企业运营状况，高职院校可在人才培养方案中融入企业的特定培养目标，重视学生的能力、素质培养，将课程设置、学时学分、素质教育等同市场需求和就业岗位变化紧密结合。高职院校要尝试以校企联合培养为桥梁，搭建校企合作的教育平台，充分调动企业参与育人的积极性。

（二）重视实践环节人才培养

为了改善学生的经济状况，提升其综合素质和能力，高职院校应该立足学校和地方经济发展需求，为学生开辟实习实践路径，向其提供实践型勤工助学岗位，将学生所学知识和实践活动有机结合，在为学生解决现实困境的同时满足社会对人才的需求。高职院校可充分借助勤工助学这一渠道，增设校内外服务性岗位，如助研、助管、助教等，使学生通过个人劳动付出获取合理合法的报酬，这在很大程度上可以改变学生的学习、生活状况，同时还可拓宽学生视野，培养其管理能力、人际交往能力和组织协调能力等。另外，学校在与企业开展合作的过程中，可定时定量优先输送学习能力较强、综合素质过硬的学生参与合作项目的实践、实习。高职院校通过"产、学、研"深入结合，为学生参与社会实践带来更多可能，以提高学生的实践能力，增强学生的职业自信心。这样可较好地实现学以致用的素质教育培养目标。

（三）加强教学模式改革，开展多种教学活动

在当前提倡将"应试教育"转变为"素质教育"的大环境下，高职院校作为教育的主要实施者，应鼓励教师积极转变教学思维，在原有的以教师为主体的单向授课教学模式的基础上，大胆尝试教学模式改革，重视学生在课堂上的主体地位，使学生不再局限于单纯的倾听者角色，而是集参与者、行动者、创造者多重角色于一身。学生在参与课堂内外多种教学活动期间，完成教师布置的任务，探讨解决知识难题的方法，在巩固所学知识的同时，提升自身的实践能力。新的教学模式能够在形式上改变过去重知识教育、轻能力培养的情况，深入开展实践教学，加强教学的过程监管力度，从而真正做到学生所学知识与技能提升的有机结合。

（四）创新资助项目，鼓励学生参加学科专业技能竞赛

对在专业方面有兴趣或存在特长的学生，高职院校要充分挖掘其学习兴趣，鼓励其参加专业竞赛，组织教师对参赛学生进行培训。高职院校可组织各级学院设立竞赛管理组，通过设置相应的基金和奖项，创新资助项目，激励在精神文明、知识竞赛、学术科研、科技创新、文化创作等方面有突出表现的家庭经济困难学生，激发他们的积极性和主动性，提升他们的职业技能水平，不断促进他们的个人成长，提高他们的社会实践能力、科技创新能力，有效地将资助育人与学风建设有机结合起来。

三、构建精准资助育人课程体系

（一）开设资助帮扶课程

1.丰富职业帮扶课程体系内涵

高职院校应从学生入学阶段开设职业帮扶相关课程，如在大一期间开设职业生涯规划课程，帮助学生树立正确的择业观，提前做好就业准备；在大三期间开设职业素养提升课程，为学生步入社会完成向职业人的转变提供帮扶支持。在此过程中，高职院校要避免空洞的课堂知识传授，应结合学生的不同个性特点和个人需求，有针对性地帮助、引导其确定自身事业发展目标，帮助其初步确立职业发展方向。针对学生个人差异，高职院校可以对其进行专业性的技术指导，帮助其制订个人成长计划，并细化计划的指标和措施，适时、适度作出合理安排和调整，辅以学生之间相互监督、共同提升的监控机制作保障，逐步提高学生的职业生涯规划能力。

2.加强实践技能课程训练

许多学生的实践创新能力较弱，个人技能水平有待进一步提升。依据这一现实状况，高职院校可从以下方面入手：首先，根据学生的经济现状，在了解和掌握学生能力弱项的基础上，针对学生有计划地开设应用技能型素质教育课程，提高其应用技术水平和综合素质；其次，加强授课教学的改革和创新，讲授内容应贴近学生学习和生活实际，实现课堂教学和技能实践齐头并进，鼓励学生利用所学理论知识灵活处理实践中遇到的问题，提升学生发现问题、思考问题、解决问题的能力；最后，从师资、经费、时间上加大对课程训练的支持力度，鼓励、支持学业成绩优秀、技能水平较强的学生参加科技文化创新、专业竞赛等活动，激发学生的创新热情。

（二）重视心理疏导课程

高职院校要构建多层次的心理课程体系，打造完备的心理援助网络。一方面，高职院校应扩大现有课程规模，丰富课程内容。高职院校可以精准分析不同学生的心理状况特点，开设"资助育人"相关心理课程，结合国家政策导向，深入挖掘感恩诚信、励志自强、节俭等主题，形成并完善具有国内资助育人工作通用指导意义的课程体系，解答学生的心理困惑，舒缓学生的心理压力。高职院校可以逐渐丰富课程内容，加强心理疏导和抗挫折能力教育，如采用实战演练、情景模拟等方式引导学生进行心理上的自我认知、自我接纳和自我调整，增强他们的心理承受能力以及自尊心和自信心，使他们更加积极、乐观地面对生活中的困难。另一方面，高职院校可以开辟心理任课教师线上课程辅导和援助形式。通过与学生深入交谈不难发现，不少学生受自卑心理的影响，极少主动联系心理健康授课教师或心理咨询机构人员进行咨询。根据此类情况，高职院校可尝试通过线上方式，为一些不愿露面、自尊心较强的学生提供心理咨询服务。同时，高职院校还可结合课程特点和学生心理调查分析，扩充或更新课程网络资源，供学生进行线上自主学习。

（三）打造就业辅助课程

1.制定专项提高职业能力的课程模块

围绕学生就业能力的提升，高职院校纷纷开设了相关职业素质教育课程，但此类课程内容较为丰富，在授课过程中要统筹考虑内容整体性，就单独课程内容而言，并不能给学生提供过于详细的讲解。高职院校可结合学生兴趣整合教师资源，有条件的可开设专项提高职业能力课程，如就业指导课程、个人内外素养提升拓展课程、面试技巧讲解课程等，提升学生的求职能力和自信心。

在相关课程模块学习过程中，教师要注意引导学生树立正确的就业观和价值观，鼓励其从小事做起、从细节做起，结合自身实际确立就业目标，端正就业心态。

2.加强就业指导课程教学，优化课程师资配置

高职院校要根据学生在大学期间不同阶段的学习特点，有计划、有选择地对其开展就业指导帮扶，开展形式多样的就业培训活动，耐心解答学生对今后就业方向、岗位选择的疑惑，为其毕业上岗奠定良好的基础。目前，虽然众多高职院校均设有就业指导课程，但承担课程教学任务的大多为学校招生就业行政职员或兼任其他多种职务的管理人员，不同任课教师授课水平差异明显，对课程本质内涵的理解也参差不齐。根据教育部等相关部门要求，高职院校要充分重视就业指导课程教学，不断优化师资结构和课程管理，鼓励教师改进教学模式，在就业指导课程中把握整体，分类指导，重视对学生的个性化辅导，在相关就业辅助课程中推陈出新，注重教学效果。

四、完善精准资助育人管理机制

（一）规范受助学生的认定机制

在资助育人工作的整个过程中，对受助学生的精准认定一直是工作开展的薄弱环节，精准认定工作在具体实施过程中存在诸多困难，这就要求高职院校逐步建立科学、规范、全面的家庭经济困难学生认定机制。建立完善的认定机构，需要建立学校—院系—班级三级认定机构，明确各层机构的任务和责任，从政策传达到指标落实等各个环节都要确保规范、有序。高职院校要制定全面的认定标准，充分考虑家庭的医疗费用、生源地城镇和农村最低生活保障线、

就学地消费水平、家庭成员健康状况、家庭人口及供养关系、家庭收入、消费能力、资助需求、学生可支配收入、学生在校消费状况、学生的学习成绩和思想表现、学生已获得何种资助等，只有综合考虑各种因素，才能最大限度地实现客观认定、公平认定。在秉承"公平、公开、公正"原则的基础上，高职院校在认定工作中应当培养相关工作人员的分析能力、数据处理能力，扎实开展民主评议和公示工作。政府要明确管理部门职责，加强监督管控，增强学生资料审核的科学性，维护和谐的资助环境。高职院校的资助育人工作者要严格按照管理流程，定期对学生的学业成绩、生活状态、心理健康、消费记录等进行监督，及时、准确掌握学生的个人实际情况。对于申请贷款的学生，资助育人工作者还要加强诚信还款教育，从而使其建立良好的信用记录。

（二）实现资助育人的发展性动态管理

资助育人是一项长期工程，伴随学生求学甚至求职的整个过程。高职院校资助育人工作者应该树立发展性、连续性、长期性的资助育人工作观念，积极了解学生的真实想法，随时关注学生对资助政策的满意度，及时掌握学生的心理变化，在不同阶段实现对学生的跟踪管理。

1.实现认定过程的动态性和灵活性

一般来说，随着客观生活环境和学生主观思想的不断变化，不同学生的实际情况会发生变化。部分学生通过享受资助项目改变了生活状况，如有的学生通过接受资助改善了个人生活水平，有的学生通过勤工俭学改善了个人生活水平，此类情况应该及时登记在档案中，以便后期调整资助项目；部分学生在接受资助过程中出现了不良行为，如有的学生得到资助资金后挥霍浪费、盲目消费，有的学生违反校规受到行政处分等，针对此类行为，应该视情况考虑是否继续对这些学生进行资助；还有部分学生因为家庭或个人的突发情况出现严重困难，应考虑是否将其纳入资助范围。针对不同类型的学生，高职院校资助育人工作者要及时掌握他们的动态，以便及时更新资助措施。

2.建立资助育人动态信息管理系统

当前的资助育人工作存在阶段性、滞后性的特点，为进一步巩固工作成效，高职院校应建立并不断完善资助育人动态信息管理系统。高职院校要利用系统对学生的个人状况进行动态管理，实现前期精准识别资助对象、中期精准判定资助方式、后期精准追踪资助效果。高职院校要综合考虑、分析学生的实际情况，运用系统实时监测学生信息，实现资助对象有进有出，同时还要建立线上线下相结合的监管机制，建立资助异常信息数据核查及通报制度，根据系统反馈情况进行走访、调查，确保学生信息的真实、准确。此外，一旦发现学生信息异常，相关人员应及时进行处理，以保障整个资助育人环境风清气正。

3.确立资助育人工作效果跟踪评估机制

为确保资助育人工作发挥最大效用，高职院校应对资助育人工作效果进行实时评价管理，根据学生各方面表现，做出相应调整。具体来说，高职院校应建立学生档案卡，定期、定量随机抽取一部分学生的档案，在完成相应的资助项目后，对其进行跟踪评估。高职院校可以借助微博、微信等及时掌握学生动态，也可通过家访的形式进行资格复查，这一方面可检验该类学生在认定阶段是否合规、合理，另一方面可以更加充分、深入地了解学生个人实际状况，精准定位其需求。如果在跟踪管理过程中遇到思想上积极上进、学习上勤奋刻苦的优秀学生，则可以在征得学生本人同意的情况下，充分挖掘其励志成才的先进事迹，并将之作为典型加以宣传表彰，以充分发挥榜样的带动力量，鼓励更多学生积极实现自我价值，从而使得精准资助育人工作落到实处，更好地实现育人效果。

（三）逐步完善大数据共享机制

在社会经济发展水平较低、学生规模较小、学生需求较少的时期，高职院校的资助育人工作形式较为单一，资助资源较为固定，传统的分配方式能起到不错的资助育人成效。但随着资助过程中不确定性和随机性因素的增加，传统的分配方式难以产生明显的资助育人成效。在当前社会发展形势下，利用大数据技术，采取量化积分模式实现资助资源分配是大势所趋。具体来说，可以从以下几方面着手。

1.动员社会多方参与，组建大数据共享网络

资助育人工作是一项庞大的系统性工作，单纯依靠高职院校力量难以实现工作效用最大化。在互联网高速发展的新形势下，开展相关资助育人工作可以有效联合财政部门、司法部门、社会保障部门等，以数据库为平台，以信息技术为手段，通力协作，更好地为高职院校精准资助育人工作服务。政府应发挥引领作用，推动"互联网＋"背景下高职院校资助育人工作的开展。高职院校还可建立个人数据库，动员社会多方参与，组建大数据共享网络，以更好地约束管理学生，从而提升资助育人工作管理的水平。

2.分时点、全方位构建学生数据管理平台

为保证资助育人工作的科学性，在学生入学之前，高职院校可利用大数据平台从生源地相关部门获取学生家庭成员情况、家庭经济状况、消费水平情况、家庭受助情况等基本信息，并进行分析和评定，初步判定学生的贫困水平。高职院校还要在学生在校期间逐步充实、全面掌握其个人信息。高职院校可利用大数据平台从三个方面掌握学生的基本情况：第一，学生消费情况，包括学生食堂就餐、超市购物、洗浴、缴纳网费等具体信息。第二，学生收入情况，包括学生在校期间获得奖学金、助学金、勤工助学酬劳、兼职酬劳等不同收入来

源的具体类别以及数量。第三，其他在校表现情况，可以结合学生在校期间的综合表现和校方教育评价等进行分析。高职院校可利用学生绑定的"一卡通"或"校园卡"以及不同部门掌握的数据进行全面分析，全方位、多层次地掌握学生信息。

3.注重信息数据的时效性和统一性

学生资助信息管理平台可以根据学生的学习周期、学生困难程度、学生对资助需求的迫切程度，利用信息化手段进行量化积分排序。为保证排序的准确性和客观性，在下一个学习周期将再次结合学生状况进行量化积分排序，保证资助信息的时效性。为了实现学生信息在不同信息管理平台数据的统一性，高职院校应有效加强信息监管，采用技术手段实现数据之间的对比研究。

（四）改进资助育人管理方法

1.构建资助育人工作格局，将工作回归育人本质

在整体思路方面，高职院校要始终坚持以学生为中心，将教育教学、科研建设、学生管理等方面的工作与资助育人工作充分、有机结合，实现资源利用的最大化，提升人才培养质量。在具体实施方面，高职院校要充分理解资助育人工作的内涵，转变工作管理方式，使各项资助育人工作回归到育人本质上。高职院校可以尝试将无偿的经济资助转为有偿的、育助结合性资助，将基本保障性资助转为发展激励性资助，将单纯的勤工助学资助转为丰富的创新创业资助等。例如：高职院校可以在校内建立用工服务中心，将助学基金的一部分用于日常学生用工的管理和维护，鼓励家庭经济困难的学生通过个人努力和付出满足自身需求；可以充分利用校外合作资源，鼓励学生参加实践性、拓展性、发展性的各类项目，解决个人困难，提升综合素质。

2.全面推行和完善"座谈、电联、家访、备案、维护"相结合的工作方法

在对学生进行管理的过程中，高职院校资助育人工作者应该从实际出发，综合掌握学生信息，切实履行工作职责。具体到各工作环节，高职院校辅导员应发挥主力作用，积极组织学生干部深入课堂、宿舍、社团等了解学生的情况，通过座谈等途径，了解学生的实际生活状态、个人消费水平、家庭经济困难程度；通过网络、电话等途径，向生源地相关职能部门了解当地居民的生活水平；通过家庭走访、电话沟通等形式，深入了解学生家庭生活状况，将学生的学习表现、消费水平、勤工助学等情况作为主要信息登记备案，公平、公正、公开地开展资助管理工作。在整个过程中，高职院校辅导员要加强对学生信息（包括学生在校期间的综合测评表现、文体活动参加情况、专业学习情况、志愿服务情况、获奖情况、心理健康情况等）的跟进、了解和维护，以便及时调整资助措施，为后期持续开展资助管理工作提供参考。

3.创新贷款方式和还款机制

部分家庭经济困难的学生倾向于通过申请助学贷款的方式解决现实经济困难，此种方式能在较大程度上帮助学生解决燃眉之急。但就每年还款情况来看，延还贷款现象一直存在。在综合分析信贷投资风险和收益的基础上，相关信贷部门可以有计划、分阶段地尝试改变工作方式，如试行担保贷款，一方面可为国家信贷部门降低资本风险，另一方面能从政策上约束学生个人行为，促使其及时还款，使得资助模式更加合理化、科学化。结合学生在校期间的综合表现和师生的意见评定，相关信贷部门可尝试适当延长综合素质较高、品格良好学生国家助学贷款的无息还款时间，既能减轻助学贷款学生的还款压力，又能维护银行的基本利益，还真正做到了从学生实际出发，实现了助学贷款机制的良性循环。

第二节 高职院校资助育人工作
与思想政治教育

一、加强高职院校资助育人工作中思想政治教育队伍建设

高职院校资助育人工作思想政治教育功能的实现，离不开职业化的工作队伍。高职院校资助育人工作是集学生管理、心理疏导、权益保护、思想教育和信息化平台建设于一体的系统工程。

目前，我国各高职院校均已成立相关资助机构，由专人负责资助育人工作，资助育人工作也成为各高职院校教育者必做的工作，这就大大提升了资助育人的效率。高职院校建立专业化、高素质、有热情的资助育人工作队伍，也有助于高职思想政治教育工作的有效开展。

（一）完善资助育人工作机构，建设专业资助育人队伍

随着资助政策的不断深入、资助制度的全面推进、资助体系的不断完善，高职院校可按照教育部有关文件精神的要求，根据本校资助育人工作的实际情况，设立专门资助育人工作机构，并组建一支专业化的资助育人工作队伍，以严肃工作纪律，提高工作效率。

专业资助育人队伍应符合以下几点要求。首先，资助育人工作人员既要掌握国家高等教育的方针、政策及教育理念，也要熟悉我国高职院校学生资助政

策。无论是对政策体系的变化和调整，还是对工作技术的更新，资助育人工作人员都要具有高度的敏感性，第一时间转变理念。其次，资助育人工作人员应具有一定的思想政治教育经验和职业素养，对学生的心理变化、思想转变见微知著，能够运用思想政治教育的方式，帮助家庭经济困难的学生树立积极向上的人生态度和价值取向。最后，资助育人工作人员要极具耐心。资助育人工作是一项整体性的工程，从构建体系到完成育人，有着工期长、杂务多的特点，管理者也是服务者，有恒心、有责任心才能确保任务的顺利完成。在工作中，管理者要细心，认真做好资金分配和育人工作。专业、独立的资助育人工作机构及专业化的资助队伍，是确保资助育人功能高效实现的前提。

高职院校还应该将各院系负责宣传引导和执行资助政策的工作人员纳入资助育人队伍，如辅导员等。辅导员平日里与学生接触最多，每天都在处理学生大大小小的问题，对学生各个方面的状态最为了解。作为资助育人工作中的一环，他们是最重要的、最有影响力的。从某种程度上讲，辅导员作为资助育人工作的执行者，在宣传资助政策、执行资助政策的同时，要兼顾学生心理健康、思想品德教育等方面的工作。把这些人纳入资助育人队伍，有助于在整个资助育人的过程中实现资助和育人双重功能的结合。

（二）完善资助育人队伍的选拔和培养机制

高职院校资助育人工作具有很强的政策性和规范性，因此在实际工作中，高职院校在选拔资助育人工作人员时，除了要考量其是否具备常规的工作技能、是否具有良好的个人素质，还要考量其是否具备一定的专业素质，比如对资助政策的理解能力、解释能力以及执行能力等。另外，在选拔资助育人工作人员时，高职院校还要考查他们能否在将资助政策落到实处时，有决心、有能力将思想政治教育工作方式融入其中，让学生明白和理解国家资助政策的重大意义和目的，从而实现资助育人的目的。

随着当今社会的不断发展，国家的资助政策及高职院校家庭经济困难学生所面临的问题和需求也在不断变化，这就要求高职院校在开展资助育人工作时把握社会发展的节奏，建立有效的培养机制，比如：定期推选一些优秀工作者进行深造和交流，提高其在资助育人工作方面的专业能力；定期为优秀工作者提供到其他高职院校交换学习的机会，使他们通过经验交流，不断提高个人的工作能力和水平。另外，高职院校还可以建立一定的激励机制，对于在资助育人方面有突出贡献的工作者，给予奖励，将其作为先进典型进行宣传推广等，以此提高资助育人工作者的工作积极性。

二、优化高职院校资助育人工作中思想政治教育内容

社会科学技术的快速发展，要求高职院校必须及时更新和优化家庭经济困难学生的思想政治教育内容。部分传统的教育内容已经不能解决学生的实际需求，只有贴合学生的实际情况、符合当今社会主流价值观的教育内容，才能真正起到引导和教育家庭经济困难学生的作用，才有助于学生的全面发展。

（一）加强家庭经济困难学生的自立自强教育

自立自强是当代学生应该具备的优秀品质之一。自立，就是在学习和生活中有担当、有能力，靠个人的努力去解决各种各样的问题。自强，就是当遇到困难的时候，始终保持乐观的心态，用积极向上的态度、坚强的意志去面对和解决问题。培养学生自立自强的品质，一直是高职思想政治教育内容重要的一部分。

从实际调研中可以看到，一些家庭经济困难学生受各方面因素的影响，存在自卑、悲观、遇事退缩、心理压力过大等多种问题。为了更好地解决这些问题，高职院校在资助育人工作中应该加强家庭经济困难学生的自立自强教育。比如：高职院校辅导员在日常工作中，应该多关注那些家庭经济困难学生的思想动态，多鼓励，多肯定，增强他们的自信心；在组织集体活动时，鼓励他们积极参加，挑战自我；当他们遇到困难的时候，引导他们勇敢坚强，培养他们积极向上的心态，提高他们独立处理问题的能力等，使他们敢于面对困难，从而通过不懈努力，不断进步。

（二）强化家庭经济困难学生的诚信教育

诚信自古以来就是中华民族的传统美德，是做人之本。"人而无信，不知其可也""诚者，真实无妄之谓"，都是讲诚信的重要性的。近年来，我国诚信社会建设迅速推进，征信体系建设不断完善，诚信理念深入人心，诚实信用成为个人干事创业的重要基础和社会高质高效运行的有力保障。

诚信是高职思想政治教育的立足之本，任何知识和能力的培养都离不开诚信这个前提。从横向来看，国家资助的前提就是诚信，认定家庭经济困难学生的标准中首要的一点也是守信。但是，当前在高职院校资助育人工作中，学生不诚信的现象屡见不鲜，比如考试作弊、虚报个人家庭经济情况等，一些家庭经济困难学生还存在不还或不按时归还助学贷款的情况。

要在资助育人活动中强化诚实守信教育，将其内化为学生的自身行为准则，高职院校应做到以下几点：首先，在全校范围内树立诚信典范。高职院校可以在各个院系推选出一些在诚信方面做得很优秀的模范代表，并大力宣传，使其发挥典范作用，从而正确引导其他学生。其次，开展"诚信"主题活动。家庭经济困难学生往往具有一定的特殊性，高职院校在资助育人工作中，要充分考虑学生自身的具体情况和实际需求，定期开展诚信主题活动，宣传诚信理念并使学生将诚信逐渐内化为自身固有的品质。这类活动的形式非常多，比如辩论赛、集体签名、征文、网络话题讨论等。学生通过参加这些活动，会慢慢意识到诚信的重要性，并将诚信作为自己的行为准则。最后，高职院校应着力宣传诚信的重要意义，并建立诚信档案。在当今社会，没有信用的人很难立足，大到职业发展，小到日常消费，无一不需要诚信作为基础。在学生诚信档案的建立方面，部分高职院校已经走出了第一步，取得了不错的效果，值得借鉴。高职院校在资助过程中，可以将学生在校期间的各种表现量化为诚信度，将之作为学生就业时的筹码，为学生争取更好的就业机会，并以此激励学生做诚信人、办诚信事。

（三）加强家庭经济困难学生的感恩教育

关心、帮助家庭经济困难的学生是政府应尽的职责，同时学生也要学会承担社会责任和履行社会义务。国家的资助政策培养了学生的感恩意识，让他们明白，在他们的成长过程中，国家和社会给予了他们非常多的支持，高职院校和教师给予了他们非常多的帮助。这样学生在成长成才后，将会不忘回报国家及社会各界对他们的关心和帮助，在他们遇到需要帮助的人的时候，不是冷眼旁观，而是愿意以一己之力去帮助他人。

高职院校在资助过程中对家庭经济困难学生感恩意识的培养，可以从以下几个方面着手。首先，营造良好的感恩氛围。高职院校可以在一些比较有意义的节日组织以感恩为主题的活动，让参加活动的学生可以从内心深处体会感恩的意义。其次，增强仪式感，促进感恩意识的强化。比如，家庭经济困难学生会接受多种形式的帮助，高职院校可选择正式、庄重的活动形式来增强仪式感。仪式感会让学生印象深刻，从而达到使学生常怀感恩之心的教育目的。最后，培养学生的社会责任感，组织公益实践活动。高职院校可以组织家庭经济困难学生参加各种社会及校内的勤工助学或献爱心活动，这样做一方面可以锻炼学生的沟通能力、处理问题的能力，另一方面也可以使学生在活动中了解自己应尽的社会责任和应履行的社会义务。

（四）重视家庭经济困难学生的励志教育

高职院校中的家庭经济困难学生往往会在生活中面对更多的困难。一方面，他们要应对专业学习上的压力；另一方面，他们要承受家庭经济困难学生这个身份带来的心理压力。因此，对于家庭经济困难学生，高职院校在资助过程中要格外重视对他们的励志教育，用榜样的力量培养他们积极向上的心态，使他们坚强勇敢、不卑不亢，让他们明白只要通过自己的努力，任何困难都是可以克服的。当然，励志教育的方式有很多，比如组织学生观看励志题材的电影，开展励志书籍的读书会，树立校园励志典型人物等。这种显性的教育方式比较正面直观，但对学生的教育效果难以预测；相比之下，隐性的教育方式产生的效果可能更好一些。比如：将励志事迹编排成舞台剧目让学生参演，让学生以亲身体验的方式参与其中等。活动的目的是增强学生的同理心，从而提高学生的抗挫折能力，使他们勇敢地面对生活。

三、创新高职院校资助育人工作中思想政治教育方法

（一）创新高职院校资助育人工作中思想政治教育方法的必要性

教育者要将教育内容有效地传递给受教育者，并实现教育目标，就务必采用合适的教育方法。任何教育内容，如果没有正确的教育方法，就只能是空谈。

只有通过一定的教育方法，将教育内容传递给受教育者，才能真正地实现教育的目的。一方面，社会的快速发展，带动校园环境的迅速变化，学生接触各种价值观、新思潮的途径非常多，不同学生的不同生长经历、迥异的个性，使他们对事物有不同的判断与见解，而传统的思想政治教育方法对家庭经济困难学生的引导和教育的实效性不强。另一方面，家庭经济困难学生的特殊性，要求高职院校在资助过程中必须处处留意学生的变化，不断解决问题。高职院校只有及时掌握学生的思想状态，不断创新思想政治教育方法，才能保证思想政治教育的实效性。

（二）利用共性，增强家庭经济困难学生间的相互教育

家庭经济困难学生确实有很多特殊性，他们之间的不同形成了交往的隔阂；但家庭经济困难学生成长环境的相似性，又使得他们彼此更能理解和关注对方，对待事情能感同身受，易于沟通。高职院校可利用共性，增强家庭经济困难学生间的相互教育。具体包括以下两点。

1.增加家庭经济困难学生的集体交流活动

高职院校可以通过开展专门面向家庭经济困难学生的集体交流活动，促进他们相互交流、相互引导。在组织这种面向家庭经济困难学生的集体交流活动时，需要注意以下两个问题。

第一，活动的主题一定要积极、有意义。高职院校资助育人工作者可以在开展活动前进行需求调研，根据调研结果分析学生目前急需解决的问题，然后根据需求选择参加的人员和活动开始的时间等。

第二，在开展这种交流活动的时候，高职院校要选定专门的负责人，以保证交流过程中的思想方向正确，确保交流的内容始终符合主题。另外，高职院校还要提前安排几个在某一方面表现比较好的同学，作为交流过程中学生思考

的引导者，使整个交流活动能够真正帮助学生增强信心、解决问题。此外，还可用典型人物的力量去感染学生。

2.增加家庭经济困难学生的集体实践活动

高职院校要建立家庭经济困难学生扶助机构，鼓励更多的学生参与到学校的发展建设中来，增强其主人翁意识。高职院校还可组织家庭经济困难学生参加集体实践活动，让他们在实践过程中共同锻炼、共同提高、相互鼓励、相互支持，从而培养其感恩意识、诚信意识，提升他们各方面的能力。

（1）组织家庭经济困难学生参加户外的拓展训练

参加由专业团队组织的拓展训练课程，可以有效地提升和强化学生的个人心理素质，激发他们的团队意识，使他们在实践中领悟若要达成目标，则必须拼搏努力，克服困难，全力以赴的道理。这种体验式的实践活动，往往会给学生留下深刻的印象。学生在活动中感受到的观念，会深深地扎根在他们的心里，成为他们日后的行为准则。

（2）组织家庭经济困难学生参加爱心公益活动

高职院校可以与社会上的公益组织建立联系，定期带领家庭经济困难学生参加各种公益活动，比如去福利院做义工、去大型活动赛事做志愿者、给受灾地区做后期支持工作等，让学生在活动中学会换位思考，用心感受自己在受助以后应该以怎样的心态回报社会、回报国家，学生当自己成长成才之后应该以怎样的心态面对需要帮助的人、面对国家和社会对自己的期待。学生在公益活动的实践中，能够增强使命感和社会责任感，思考人生价值。活动结束后，高职院校还可以组织参加的学生进行分享，让学生将自己的感悟分享给大家，引导学生交流经验和心得，使学生懂得如何回报社会、回报国家。

（三）构建高职院校与家庭的思想政治教育联动机制

学生的家庭既是资助育人工作的对象，也是思想政治教育工作的承担者。高职院校作为资助育人工作的主体承担者，应该充分利用家庭教育的优势，与学生的家庭建立良好的思想政治教育联动机制，共同努力，做好学生的思想政治教育工作。比如：当家庭经济困难学生出现一些心理或者其他方面的问题时，高职院校可以通过与学生家长的沟通，挖掘出真实原因，然后通过双方的共同教育和引导，帮助学生走出困境。在学生入学之初，高职院校应对家长宣传国家相关资助政策，阐述校方资助体系、流程。学生在校期间，高职院校应建立学生家庭动态管理档案。

四、建立高职院校资助育人工作中"精准育人"的思想政治教育工作体系

党的十九大报告指出，要优先发展教育事业，健全学生资助制度。高职院校要紧紧围绕和贯彻党的十九大精神，以"精准扶贫"思想理论为指引，结合当代大学生群体的特点，有计划、有针对性地制定具有本校特色的资助方案，使学生资助资金发挥最大化效益，全面推进以"精准资助"为核心的资助育人工作。在精准资助育人工作中，教育工作者应以社会主义核心价值观为引领，用高度的责任心、专业的工作态度、精准的方法，充分发挥思想政治教育的育人功能，建立"精准育人"的思想政治教育工作体系。

第一，整合家庭、社会、学校资源，形成合力，统筹规划资助育人方案，让社会、家庭、学生看到资金落实公平公正，育人实施真实有效。

第二，运用科学手段提高效率，第一时间形成资助体系和思想政治工作体

系结合机制。一方面，在大数据的辅助下，资助工作的主体对象有时候是单独的个体，有时候是具有相同特征的群体。另一方面，在精准资助落实过程中，教育工作者要增强学生的获得感、公平感等，精准运用思想政治教育方法对主体对象开展立德树人教育。

第三，精准检验资助效果，助力构建精准育人体系。学生受到资助后，是否学业无忧、是否能承担责任、是否自立自强、是否感恩回馈等，既体现着资助的效益，即精准资助的效果，也展现了资助育人功能的实效。因此，建立跟踪式的育人机制是精准育人体系的重要组成部分，形成"扶困助学—立德树人—感恩回馈"的资助育人体系是十分必要的。

第七章　企业深度参与
高职教育创新

第一节　企业参与高职教育
行为的总体特征

一、企业参与高职教育的理念已经得到广泛认同，但校企合作水平不高

近些年，高职教育校企合作的观念渐渐深入人心，逐渐成为高技能人才培养的重要形式。高职教育校企合作的形式和内容日渐丰富，从实习实训逐步拓展到共同设置专业、共同开发课程、联合科技攻关等内容。

但是从整体看，当前我国企业参与高职教育的积极性并不高，校企合作还处于相对比较低的水平。虽然企业的高技能人才占比总体上并不高，但是企业并没有把希望投注在高职教育上，新员工大多是从外地引进，对高职院校的依赖度不高。而且多数企业都依赖自己的员工培训机构对员工进行培训，只有少数企业依靠高职院校来完成对员工技能的培训。虽然合作形式和内容逐渐多样，但是调研结果显示，目前绝大多数企业与高职院校的合作仍只停留在实习

实训上，师资、岗位和经费的支持力度较小，可以说，在很大程度上，企业参与校企合作的目的还仅仅局限于获得低成本的人力资源，降低人力成本的需求。对于深度参与到高职院校办学过程，参与高职院校专业设置、课程开发、教材开发，不断提升高职院校人才适合企业需求的能力，进而提升企业人员技能水平，获得竞争优势的需求动机明显不足。

随着高职院校办学形式的多样化、教学内容的丰富，学生获得的知识也在不断丰富，学生的能力和素质不断提高。但同时我们也应该意识到高职院校毕业生所掌握的核心知识尤其是与企业、行业相关的知识，仍然没有达到企业的标准；部分企业对高职院校毕业生的评价不高，认为他们不能胜任企业所提供的工作。我国高职院校校企合作仍然存在企业对高职院校的依赖度不高、投入度偏低、校企合作动力不足等问题。

二、企业参与高职教育的行为具有明显的差异性

企业对高职教育的相关投入总体上偏低，而且不同类型的企业投资倾向有所差别，投资力度也大有不同。

从企业所属的类型角度分析，国有企业对高职教育的总投入最多，其次是合资企业，相对而言，民营企业投入最少。这是因为合资企业、国有企业技术水平相对较高，资金充裕，有能力为高职院校提供各方面的支持，所以对高职教育的投入更多，而民营企业自身实力较弱，成本承担能力有限，所以对高职院校的相关投入不多。从单个因素来看，国有企业在经费投入、选派到高职院校的技术人员的数量以及依托高职院校培训的人数都是最多的，合资企业接受高职院校学生的实习人数最多。在实习实训方面，国有企业在提供实习岗位的同时也愿意为高职院校提供实训设备，而民营企业和合资企业更愿意依托高职

院校开展员工培训。在人才培养方面，各类型企业在高职院校的课程建设、学生的技能鉴定和人才培养标准的制定上参与的积极性较高。在高职院校的课程建设上，合资企业参与的积极性高，而国有企业和民营企业的参与意愿不强。在合作机制方面，总体上民营企业参与的程度要高于合资企业和国有企业。在具体的机制上，国有企业愿意与高职院校联合进行技术攻关，合资企业与高职院校共建职教集团的积极性更高，而民营企业更愿意与高职院校开办订单班或冠名班。

从企业的属性角度分析，技术密集型企业对技术有很高的追求，希望能通过与高职院校的合作促进技术的更新，对校企合作的依赖度较高，所以对高职院校各方面的投入最多。劳动密集型企业需要从校企合作中获得低成本的劳动力，对高职教育的投入也相对比较高。相比之下，资本密集型企业对校企合作并没有很高的热情。具体来看，技术密集型企业和劳动密集型企业在接受实习生的人数、提供的实习工位数、接受的实践教师的数量以及依托高职院校培训员工的人数上基本一致，只是在经费投入上，技术密集型企业要远远高于劳动密集型企业。在合作方式的选择上，各类企业在实习实践方面的参与程度最高，其次是机制上的合作，最后是参与高职院校的人才培养过程。由于对先进技术的追求，技术密集型企业在高职院校的课程建设、教材开发、人才培养标准的制定等人才培养过程的参与程度，以及共建职教集团、共同办学等机制上的合作程度要远远高于劳动密集型企业和资本密集型企业。

从企业的规模角度分析，企业对高职教育投入的比例、与高职院校合作的深度与企业的规模成正比，企业的规模越大，往往对高职教育的投入越多，合作也就更深入。这是因为企业的规模足够大、资金足够充足时，其培训成本承受能力更强，技能培训规模效益更加显著，所以更愿意参与高职教育。因此，大型企业对高职教育的投入比中小型企业多，合作往往也更深入。

综上可知，不同类型企业参与高职教育的行为有着显著的差异性。

第二节 我国企业参与高职教育的偏好差异化分析和政策效度分析

根据技能偏好性技术进步理论和工资挤压效应理论，技能是影响企业参与高职教育的内生性变量。随着技术进步与技能提升，在"技术进步—技能变动—边际生产率提升—工资挤压效应"的动力传导机制影响下，企业参与高职教育的偏好将逐渐由成本偏好向技术偏好转变，而企业的个体差异会导致企业行为的差异。

通过层次回归模型的实证分析可知，我国企业参与高职教育主要受两类偏好影响，分别是成本偏好和技术偏好，其中技术偏好对成本偏好有调节作用，企业的技术偏好增强在一定程度上会减弱成本偏好，而政府政策作为一个外生变量会对企业参与高职教育的技术偏好和成本偏好起调节作用。政府政策对企业参与高职教育的技术偏好产生正向影响，对企业参与高职教育的成本偏好产生负向调节。

Target-MOTAD 改进模型的企业参与高职教育的决策分析表明：不同类型的企业面对技术进步（即风险状态变动）时参与高职教育的最优行为决策不同。相比于中小型企业，大型企业在技术进步时更倾向于选择技术偏好的高职教育参与行为；相比于民营企业，国有企业在技术进步时更倾向于选择技术偏好的高职教育参与行为；相比于劳动密集型企业，技术密集型企业在技术进步时更倾向于选择技术偏好的高职教育参与行为。而随后的效果分析研究也表明，在参与高职教育的过程中，各类型企业可获得收益均小于自身的目标收益值，除劳动密集型企业外，其余类型企业均可以通过扩大投入规模和优化行为决策使自身收益水平达到或超过企业的目标收益值。这对于分析我国企业参与高职教育的政策效度、构建有利于不同类型企业参与高职教育的政策体系具有重要的意义。

笔者在企业参与高职教育的偏好实证分析的基础上，对我国企业参与高职教育的政策效度进行了分析。

一、企业参与高职教育的偏好差异化分析

由于企业产权属性、核心生产要素和规模等个性特征的差异，企业对参与高职教育的成本与收益的承受能力与敏感程度也有所差异。这必然会对企业参与高职教育的偏好产生影响。为分析不同类型的企业参与高职教育的偏好差异，笔者运用相关性分析对各类企业参与高职教育的偏好进行了分析。结果显示，不同类型企业的偏好有着明显差异。

按企业属性划分，国有企业和合资企业参与高职教育的技术动机均高于成本动机，属于技术偏好型企业。其中合资企业对技术动机的敏感程度更高，而民营企业参与高职教育的行为相比技术动机来说，与成本动机的相关程度更高，属于成本偏好型企业。

按企业核心生产要素划分，资本密集型企业和技术密集型企业对技术进步表现出了更高的偏好性，因而属于技术偏好型企业，而劳动密集型企业在参与高职教育过程中对成本的关注程度明显高于技术进步，属于成本偏好型企业。

按企业规模划分，中小型企业与成本动机的相关程度明显高于技术动机，属于成本偏好型企业；相反，大型企业对技术进步的敏感程度稍高于成本动机，可划分为技术偏好型企业。

由此可以得出结论：国有企业、合资企业、资本密集型企业、技术密集型企业以及大型企业均属于技术偏好型企业，而民营企业与劳动密集型企业、中小型企业同属于成本偏好型企业。

二、企业参与高职教育的政策效度分析

政府政策与不同类型的企业参与高职教育行为的回归分析结果显示，政府政策对不同类型的企业参与高职教育行为的影响程度不同。

就不同属性的企业而言，政府政策对民营企业参与高职教育行为有显著影响，而对国有企业、合资企业参与高职教育行为的影响不显著。就不同核心生产要素的企业来说，政府政策对劳动密集型企业参与高职教育的水平有着明显的影响，对技术密集型企业参与高职教育行为的影响不显著。而从企业规模上来看，政府政策对中小型企业参与高职教育的行为有着显著影响，对大型企业参与高职教育行为的影响不显著。

综上所述，从政策的实施效果上看，现有政策对成本偏好型企业——民营企业、劳动密集型企业以及中小型企业参与高职教育行为的效果明显，而对技术偏好型的企业——合资企业、国有企业、技术密集型企业和大型企业等参与高职教育行为的作用较弱。这表明当前我国政府更倾向于采取税收激励或经济补偿等措施，较少采取提升高职院校技术技能积累能力、提升高职院校满足企业对技术技能人才需求水平等方面的措施。

第三节 促进我国企业深度参与高职教育的建议

一、加强统筹，促进技术进步的技能偏好性发展

近些年来，技术进步的技能偏好性发展趋势越来越重要。而跨组织技能培训合作模式决定了技术进步的技能偏好性发展的趋势会受到技术技能需求的主体——企业的经济属性与技术技能供给的主要主体——高职院校准公共属性差异的影响。因此，提高统筹层次，加强产学研合作，增强技术进步与技能的互动性，促进技能偏好性技术进步的发展。

首先，建立相关的技能协调委员会，统筹协调相关部门，实现经济社会规划与高职教育和培训的同行同向。

其次，提高地方高职教育统筹层次，在进一步明确地市统筹的高职教育管理体制的基础上，将高职教育纳入区域经济发展规划，借助区域产业园、职教园等，积极搭建区域技术技能复合创新平台，加强科技成果转化效率，增加技术进步、技能需求及技能供给的有效碰撞次数和质量，突破高职院校技能人才培养和培训的定位局限，实现以科技合作引领技能人才培养，积极探索技术进步与技能有效互动的模式，促进技术进步与技能的有效对接。

最后，建立未来战略产业技能人才战略规划专项。针对"互联网＋"、智能制造时代到来的传统产业升级和新兴产业涌现的特征，围绕国家经济社会发展的未来战略性产业的技术变迁和组织模式变迁规律，开展技术技能人才培养的研究和实践。

二、加强行业组织机制建设，建立以行业标准引领的技能需求与技能供给有效对接的机制

为了充分发挥"技术进步—技能变动—边际生产率提升—工资挤压效应"的动力传导机制，推动企业培训策略向技能偏好性转变，适应技能偏好性技术进步的发展需要，积极构建技术进步对技能需求与技能供给对接机制，使其成为推进我国企业培训策略变迁的政策重点。

然而，当前技术进步对技能需求与技能供给对接机制并不足以将技能偏好性技术进步转化为真实推动企业培训策略变迁的动力。各行业企业与技能人才培养机构相互独立的格局，跨组织部门之间的张力，客观增加了技术进步对技能需求与技能供给对接的难度。

而受长期以来企业成本偏好性技能培训策略的影响，关注于低成本劳动力的企业，没有能力也没有意愿承担起将技术进步带来的技能需求转化为技能供给标准和内容的责任。在由行政机制向市场机制的过渡过程中，行业组织还处在不断加强自身能力建设、寻求合理定位的关键时期，在预测行业技术变化和技能人才需求变化趋势、制定行业技能标准、搭建企业与高职院校合作平台、监督高职院校技能人才培养质量等方面的能力十分薄弱。而行业组织自身能力的弱化，特别是行业组织在行业技能标准制定方面能力的欠缺，削弱了其对行业内企业的引导和规范能力，也使其无法为高职院校提供相应的技能标准，使其难以为技术进步带来的技能需求的转化提供有力的组织和制度保障，不利于技术进步对技能需求与技能供给标准的有效对接。

因此，加强行业组织机制建设，能够弥补单个企业预测技术变化趋势的能力，以及将技术进步对技能的需求转化为具体的培训标准和内容的能力的不

足，一定程度上为技能需求与技能供给有效对接提供组织保障。

我国当前行业组织能力相对较弱，为了推进行业组织的发展，需要根据各行业组织发展历程和特点进行分类指导，发挥其以行业标准引领技能需求与技能供给实现有效对接的功能。传统行业组织应充分发挥其深厚的历史底蕴优势，明确自身职责，创新工作机制，重塑在高职教育发展中的主导地位。新兴行业组织可以通过政策引导，坚持以市场为导向，探索自身在高职教育发展中的地位。

以机械行业协会为例，作为"中国制造"的基石，随着"互联网＋""中国制造2025"战略的实施，以工业机器人技术为代表的新兴技术成为中国机械行业转型升级的关键技术手段。为了适应工业机器人对技能人才的需要，机械工业协会牵头工业机器人龙头企业和骨干高职院校，进行了工业机器人装调维修工、工业机器人操作调整工等工种技能标准的制定，并以技能标准为引领，积极推进相关企业与高职院校的深入合作，有效促进了技术进步对技能需求与技能供给的有效对接。

三、完善企业参与高职教育的渠道，不断增强企业在高职教育中的话语权

在宏观层面上，可以通过完善国务院职业教育工作部际联席会议、职业教育校企合作委员会，积极引导政府机关工作人员、行业代表、学校领导等参与其中，负责全国高职教育校企合作计划的制定和监督工作，提高企业在高职教育政策制度、规划发展等方面的话语权。

在中观层面上，以职教集团为框架，以专业指导委员会、校企合作理事会

等为平台，不断增强行业企业在职业教育中的参与度。

在微观层面上，建立完善高职院校校企合作理事会、行业指导委员会、专业建设委员会、课程建设委员会等组织体系及运行机制，拓宽企业参与高职院校教育教学的渠道，确保企业全方位参与高职院校人才培养过程，实现企业用人标准与高职院校技能人才培养标准的有效对接。

以中山职业技术学院为例，中山职业技术学院面向产业需求，以提高人才培养质量为重点建立校企合作长效机制。

一是在校企合作布局上，实行一镇一品一专业。"一镇一品"是中山经济的一大特色。学院针对中山"专业镇经济"特点，提出"一镇一品一专业"的专业发展和校企合作布局思路。目前，学院开设的许多专业都和企业建立合作育人关系。如学院的灯具设计与技术专业与古镇镇的灯饰企业合作，服装设计专业与沙溪镇的服装企业合作，雕刻艺术与家具设计专业与大涌镇的红木家具企业合作，动漫设计与制作专业与港口镇的游艺游戏企业合作。"一镇一品一专业"的校企合作布局，大大提高了校企合作的针对性、有效性、稳定性。

二是在校企合作办学体制上，实行"镇校企共建产业学院"。校企联合办学是校企合作育人的高级形式，也是建立校企合作长效机制的有效途径。学院分别与中山南区、古镇镇政府以及沙溪镇政府和企业联手创办了"南区电梯学院""古镇灯饰学院"和"沙溪纺织服装学院"等。产业学院主要负责与行业、产业、企业需求相关的学历教育、企业培训、技能鉴定、产品研发等工作。产业学院实行理事会领导下的院长负责制。理事会由学院、镇政府、企业代表等组成。这就从体制和机制上使专业发展与产业深度融合，使学生的工学交替得以实施，使地方镇政府、企业和学院得以共赢。

三是在运行机制上，实行"镇行企研协同育人"。学院在校企合作中始终坚持育人为本，紧紧围绕地方产业转型升级培育人才展开深度合作，把提高人才培养质量作为校企合作的出发点和落脚点。学院通过"大师工作室制""校中厂""厂中校""政校企行合作联席会""政校企合作专干"等多种形式，使镇政府、行业、企业、科研院所协同学院培养人才。

四、建立企业参与高职教育的支撑保障制度体系，引导技术偏好型企业有效参与高职教育

（一）建立企业参与高职教育的资质认证制度，引导技术偏好型企业的有效参与

首先，国家应从法律层面明确企业参与高职教育和培训的责任，将企业开展高职教育和培训的情况纳入企业社会责任报告。

其次，各级政府根据各地经济发展水平、产业布局，重点支持技术偏好型企业参与高职教育，根据职业教育全国教学标准体系的研究，从企业规模、技术水平、技师水平、培训内容、培训条件等方面建立企业参与职业教育的资质标准。

再次，建立和完善企业举办或参与高职教育质量的评价机制和退出机制，对企业参与高职教育的质量进行监督。

最后，积极总结现有技术偏好型企业发展的现状，积极出台技术偏好型企业发展指导意见，鼓励和规范技术偏好型企业的发展。

（二）积极创新高职教育投资体制，拓宽投资渠道，将补偿制度与优惠政策相结合

企业应注重长远发展。但是经济成本始终是影响企业参与高职教育的重要因素。为了鼓励企业积极参与高职教育，降低企业参与成本，笔者认为，可以采取以下措施。

首先，国家和地方政府可以采取多种方式、多渠道筹集高职教育发展基金，包括财政投入、社会捐赠、企业培训基金等。筹集的基金应专门用于高职教育的发展。

其次，建立健全校企合作成本补偿制度，用于补偿企业由于参与高职教育所承担的成本。

最后，对积极参与高职教育的企业可以给予双重鼓励。一方面，对积极参与高职教育的企业可以给予税收优惠或减免政策，包括贴息贷款、税收减免、立项优先等。例如，税前扣款企业给高职院校提供实习实训设备所产生的费用，以及企业与高职院校共同开展产学研过程中产生的技术开发费。另一方面，授予参与高职教育的企业荣誉称号，这不仅可以提高企业参与校企合作的积极性，还可以提升企业的社会责任感。

例如，某地为了推进高职教育校企合作深入发展，设立了校企合作奖励与支持资金，用于奖励校企合作效果好、贡献大的企业和高职院校，支持企业生产服务一线技术人员到高职院校兼职授课，支持高职院校的专业教师和学生到企业进行岗位实践，支持行业组织指导高职院校围绕校企合作进行专业建设和教学改革。此外，该地还专门设立职教集团建设支持资金，用于集团运行、校企共建生产和研发中心建设、专业和课程开发、院校师生与企业技术人员互动、技术和工艺研发、集团企业化运行等。

五、尊重企业参与高职教育的内在差异性，构建差别性的政策体系

企业的个体特征、技术水平以及规模等，会导致不同企业参与校企合作的积极性、模式等方面有明显的差异。因此，在政策制定上应明确企业在高职教育办学中的主体地位，引导企业依据其技术水平、规模、人才发展状况、行业属性等选择合适的方式开展校企合作，推动企业将高职院校的人才培养纳入自身发展战略，鼓励企业通过各种积极主动的方式参与高职院校办学，积极推进教育与产业对接、学校与企业对接、专业设置与职业岗位群对接、课程体系与职业标准对接、学历教育与终身教育对接，引导企业和高职院校围绕技术创新、人才培养、员工培训等内容开展全方位、多层次的合作。

大型企业可以建设富有自身产业和技术优势特色的实训场所。中型企业在参与校企合作时，可以和高职院校共同建立分校，形成"厂中校"。小型企业，则可以兴办体现先进技术或优势特色产业、设备与企业生产同步的企业实习车间，形成"校中厂"。企业还可以与高职院校实行订单式合作教育，形成校企双方共同参与教育教学活动的机制，渗入现代学徒制成分。

而考虑各类型企业参与高职教育的不同偏好及其最优行为决策后，对于技术偏好型企业（大型企业、国有企业、技术密集型企业等）和成本偏好型企业（中小型企业、民营企业以及劳动密集型企业等）应采取不同的政策建议。

对于技术偏好型企业，应积极扩大企业在高职教育校企合作中的话语权，以提升企业技能需求与高职院校人才培养对接水平为主要的政策着力点。而对于成本偏好型企业，应通过政府政策的技能价值观引导和技术理念宣传，增强企业参与高职教育行为的技术偏好。

第八章 高职教育新媒体管理创新

第一节 微信公众平台的学生管理创新

一、高职院校运用微信公众平台进行学生管理的优势

高职院校的学生对新事物的接受程度和认可度比较高，自媒体已经渗透到他们学习和生活的方方面面。在自媒体时代，信息的传播和交流不再受传统交流方式的限制，信息交互方式往往以开放式和共享式为主，学生获取信息更加便捷与高效。同时，自媒体时代是一个信息化时代，每个人都可以是信息的发布者、分享者与接收者。这种特殊的信息环境，能够激发学生对新鲜事物的兴趣，有助于培养学生的创新思维。因此，高职院校运用微信公众平台进行学生管理，提高了学生的积极性与主动性，有利于营造良好的校园文化环境，提高教育管理工作效率，同时也有利于拓展学生的思维，发展学生的个性，提高学生的创造力。

二、高职院校运用微信公众平台进行学生管理存在的问题

调查发现，高职院校运用微信公众平台进行学生管理存在一些问题。高职学生还处于身心发展的关键期，心智和辨别能力均尚未完全成熟和完善，自我约束、自我调节、自我控制力也都较差，对微信等自媒体往往有较大的依赖性。在这种情况下，学生的社会适应能力就会大打折扣。同时，微信等自媒体信息量巨大，过多的信息量会让正处于学习阶段的高职学生难以应对与分辨。具体来说，高职院校运用微信公众平台进行学生管理，主要存在舆论监控难度较大、传统学生教育管理工作效果受到限制、对思想政治教育管理者权威的弱化、部分学生过度依赖微信等方面的问题。

（一）舆论监控难度较大

微信公众平台作为新兴的媒体交流平台，在传播信息方面起到了重要的作用，但是，这一平台是一个开放共享的信息交流平台，任何人都可以在平台中进行信息的交流和分享，舆论监控难度较大。部分高职学生的信息辨别能力还较弱，容易受不良信息或虚假信息的影响，这不利于其身心的健康发展。

（二）传统学生教育管理工作效果受到限制

随着自媒体时代的来临，网络上一些新的观点、理论无时无刻不在影响着当代学生的言行，甚至对学生的世界观、人生观和价值观产生一定的影响，这也对传统学生教育管理工作产生一定影响。比如"老人摔倒该不该扶"这个话题，从中华民族传统美德教育的视角来看肯定是要扶起摔倒的老人，但是，一

些负面的网络新闻对部分学生的价值观产生一定的影响，使这部分学生的思想观念发生了变化。

（三）对思想政治教育管理者权威的弱化

如今正处于信息爆炸的时代，高职学生可以通过多种渠道接触不同的信息，对某一方面所了解的信息有时甚至可能多于教师。网络信息以各种方式对学生的思维方式、价值观以及交流方式产生一定的影响，在拓展他们思维的同时，有时也使得他们变得偏激，过于个性化，不愿接受正确的引导。这些都在一定程度上对思想政治教育管理者的权威造成了弱化，影响思想政治教育的实际效果。

（四）部分学生过度依赖微信

微信作为我国社交软件中使用频率很高的软件深受高职学生的青睐，对他们的日常学习和生活产生了广泛影响。但是，微信软件除了具备信息交流和分享平台的功能，还具有社交、游戏娱乐等其他功能。部分高职学生过度依赖微信，具体表现在不管是吃饭、走路还是学习，都习惯于打开微信，沉迷于网络游戏或各种意义不大的信息之中，甚至影响了正常的学习和生活状态。这对高职院校使用微信公众平台进行教育管理产生了一定的负面影响。

三、高职院校运用微信公众平台进行学生管理创新的措施

对于高职院校学生而言，获取信息的平台逐渐从传统的广播、报纸等平台转变成互联网平台。微信公众平台作为自媒体时代的产物，已经成为高职学生

日常学习和生活的一部分。微信公众平台的使用能够更好地促进信息的交流和分享,高职院校要让微信公众平台发挥积极作用,就要合理定位平台,提升网络信息传播管理者的综合素质,注重采用合理的教学管理模式,同时还要注重提高服务学生的意识,以更加贴近学生的需求,进一步提高学生管理水平。

(一)发挥微信公众平台的积极作用,开展多层级互补合作

1.引导高职院校自媒体发挥在网络舆情发布中的正面积极作用

在当今时代,由社会事件引发的网络舆情呈现影响范围广、传播速度快的特点,容易引发学生群体性事件,容易使学校形象受影响。高职院校网络舆情在自媒体时代里,传播力和影响力不容忽视。绝大多数高职院校在微信上有自己的公众平台,学生管理者应合理规划和适度控制微信公众平台,利用舆论引导正能量消息的传播,积极与学生进行互动,并开展各种有组织的创造性的主题活动,牢牢把握主动权。校园微信公众平台成为学生管理的新工具,对高职院校自媒体在网络舆情发布中发挥正面积极作用有着重大意义。

2.开展多层级互补合作,确保学生工作的全覆盖和高效率推进

媒体队伍的形成可以提高学校教育和学生管理在媒体传播思维创新方面的效果。一方面,在校园文化建设、心理健康教育、就业规划指导等方面,学生管理者根据学生习惯、学生爱好和学生兴趣安排各种教育材料,利用微信公众平台开展信息管理。另一方面,团委学生会、学生社团聚集在微信公众平台上,与学生进行频繁、广泛的接触,加强互动性和合作性。宣传、教学、后勤等部门是高职院校网络舆情工作参与的重点部门,也应该成为舆论工作的重点。高职院校基于微信公众平台的学生管理是十分重要的工作,信息发布要认真甄别,所以上述部门可进行联动,开展多层级互补合作。

（二）合理定位平台，建设高职院校服务型微信公众平台

自我管理和建设的高职院校微信公众平台，要科学规划和合理定位。高职院校微信公众平台，要以思想道德思维创新教育和心理辅导为主要功能，同时传播新闻和信息。高职院校管理者操作官方微信公众平台，可以结合院校的实际情况，设置多种功能和形式，不同部门账号之间相互配合，如学校团委、教务处、后勤处、学生处、办公室、宣传部、校学生会等官方微信账号相互配合。高职院校在微信公众平台上开展学生管理工作时，应先考虑自身定位的问题，再确定为学生服务的内容和推送的方式，及时收集学生的反馈意见和建议，以便改进服务。这样能更有效地进行学生管理，从而达到事半功倍的效果。

（三）提高微信公众平台后台技术和功能性，开发多样的平台推送形式

微信公众平台的后台操作相对复杂，需要强大的技术支持，这是实现创新的关键。目前，大部分高职院校微信公众平台的技术运营团队的技术水平并不高，管理者应重点加强技术培训，积极引进艺术、计算机等专业技术人员，加强技术运营团队的建设。根据当前学生的个性和兴趣，跟学生进行互动沟通，了解他们真正的需求，开发多样的平台推送形式，以保持学生对高职院校微信公众平台的新鲜度，提高学生对高职院校微信公众平台管理的认可度，从而使微信公众平台更好地为学生管理工作服务。

（四）提升网络信息传播管理者综合素质

高职院校微信公众平台作为一种信息交流形式，要求使用者具有良好的信息素养和思想政治素养。调查发现，一些网络信息传播管理者是刚毕业的大学

生，自身的社会阅历和专业知识储备不能满足学生的实际需求。还有一些网络信息传播管理者是年龄较大的人员，知识较为陈旧，思维形成定式，对新鲜事物的接受程度和认可程度有时比不上学生。这样会影响学生教育管理效果。

因此，网络信息传播管理者应该加强自身素质的培养，提高网络思想政治教育水平。在网络开放的信息交流平台中有时难免出现一些不良信息，部分高职学生对此类不良信息不能有效识别，容易误入迷途，这就需要网络信息传播管理者及时进行正确的引导。网络信息传播管理者队伍建设是高职院校学生教育管理工作不可缺乏的重要环节，不管是年长的网络信息传播管理者还是刚步入工作岗位的年轻的网络信息传播管理者，都应该自觉提高个人思想政治素养，完善个人技能的培训，不断提高教育管理能力。具体而言，一方面，高职院校需要加强网络信息传播管理者的教育培训工作，通过各种有效的教育培训方式，提高他们的综合素质与核心能力。另一方面，网络信息传播管理者需要不断学习，自觉弥补自身思想政治理论知识的不足，善于接受新事物、新观点，完善自身的知识结构体系，从而提高思想政治教育效果。

（五）注重采用合理的教学管理模式

面对自媒体时代的学生，高职院校需要与时俱进，注重更新教育理念，对教学管理模式进行创新，利用微信公众平台有效开展高职学生管理工作。例如，在思想政治课程教学过程中，思政教师可以根据教材内容和学生的个性特点，适时引入时政热点新闻，组织学生在微信公众平台中进行讨论交流，或者在微信公众平台上发布学习任务，借助"慕课""翻转课堂"等教学形式创设良好的教学情境，吸引学生进行探究学习。微信公众平台是新时代背景下学习交流的新媒介，为学生提供了可以相互交流、学习和讨论的平台。在微信公众平台上，不管是学生还是教师都可以发表自己的意见。这种教学管理模式可以打破时间、空间的限制，让学生脱离课堂的束缚，大胆发表自己的观点。如此一来，教师和学生之间的距离更近，教师可以通过对当下某一时政热点新闻的讨论正确地引导学生，提高学生的思想政治素质，增强学生明辨是非的能力，达到学生教育管理的目的。

（六）注重提高服务学生的意识

对于高职院校而言，运用微信公众平台的主要目的是方便学生及时了解、反馈相关信息。因此，高职院校要提高服务学生的意识，根据学生的需求在微信公众平台发布相关内容，帮助学生解决学习生活中遇到的问题。例如，高职院校可以在微信公众平台发布图书馆服务、校车服务、餐饮服务方面的信息，为学生的日常学习和生活带来更多的便利。同时，针对选择求职应聘的高职毕业生，高职院校可以充分利用网络平台的优势，及时更新相关招聘企业的信息，以供学生查看和选择，让毕业生能够第一时间了解企业招聘现状，并结合自身的专业情况进行匹配。针对选择自主创业的高职毕业生，高职院校可以利用微信公众平台适时推送创业方面的知识和经验，帮助学生了解创业、认识创业，激发学生创业的积极性。

第二节　微博文化视野中的
校园班级管理创新

一、微博对班级管理创新的影响机制分析

（一）"关注"功能的影响

微博的"关注"功能，使双向的互动模式得以建立。从积极的方面来讲，辅导员可以通过微博关注自己的学生，及时掌握学生的思想动态、生活变化等，通过微博的"关注"功能，辅导员和学生能够实现良好的沟通互动，消除思想上的隔阂，保证班级管理创新的顺利进行。从消极的方面来讲，如果学生微博的"关注"不是积极的、正面的、帮助其成长成才的对象，则可能对其身心产生不良影响，导致其思想出现偏差。

（二）"评论"功能的影响

在微博世界里，匿名特性使得微博使用者能够说出自己的真实想法。从积极的方面来讲，辅导员通过对学生的微博发表评论，进行及时沟通，形成反馈意见，对于从中发现的学生思想困惑以及出现的心理问题，及时给予正确的引导或采取其他相应措施及时解决问题，从而使自己的学生管理工作能做到有的放矢，增强时效性和针对性。同时，对于学生微博中表现出来的消极情绪和不当言论，辅导员可以通过评论的方式进行监督，纠正其错误言论，引导学生形成正确的世界观、人生观、价值观。

从消极的方面来讲，评论的匿名性可能会造成混乱局面的出现。对于某一事件，既有正面的、积极的评论，同时也会有大量断章取义、无中生有、歪曲事实的负面评论。另外，那些粉丝众多的博主的评论会受到格外的关注，无论他们评论的内容是否正确、合理，都会获得更多的关注，关注会催生更多的评论，这样便促成了另一种权威，这种权威无关内容的对与错，只涉及对象的多与少。这往往会对学生正确世界观、人生观、价值观的形成产生负面影响。

（三）"转发"功能的影响

微博的"转发"功能可以让用户把自己喜欢的内容一键转发到自己的微博，还可以同时加上评论。

从积极的方面来讲，辅导员可以将学生工作中的相关通知、活动信息和教育资料等信息转发给关注自己的学生，再利用学生间的互相关注来传播信息，从而提高日常学生工作的效率。另外，辅导员还可以将与学生密切相关的热点问题通过转发加评论的形式传递给学生，引导学生关注某一重大事件和话题。

从消极的方面来讲，转发是拷贝原信息后的大量传播，更多的时候，转发是应"求转发"的需要而转发的，转发的人并未仔细考虑是否应该转发，只是顺手转发到自己的微博，因此转发功能为虚假信息、不良信息的传播提供了温床，大量转发的信息产生的由点到面的扩散效应可能会轻而易举地将主旋律的声音湮没。

二、微博文化视野中的高职院校班级管理创新目标、内容和特点

（一）微博文化视野中的高职院校班级管理创新目标

微博的出现，为高职院校班级管理提供了一种新途径。微博为师生搭建一个相互交流的平台，也逐渐成为高职院校班级管理的新趋势。在此过程中，首先我们要明确管理创新的目标，这对有效进行高职院校班级管理创新有着重要意义。

班级管理创新的核心目标是学生的发展，高职院校班级管理的实质就是让学生的潜能尽可能地得到开发。微博无疑给学生提供了一个思想交流、资源共享和互助互进的平台。利用微博进行班级管理是将微博运用于教育管理领域，以班级为单位建立集体微博，由班主任、辅导员和学生共同参与的管理创新模式，这就拉近了班主任与学生、辅导员与学生、学生与学生间的距离，使得管理更为深入、细致。

总体而言，微博文化视野中的高职院校班级管理创新目标就是要追求班级管理的最大效益。除了与学生进行面对面的交流，班级微博可帮助辅导员、班主任跨越时间和空间的限制，以学生更易接受的方式与学生进行沟通交流。辅导员、班主任可以通过微博的互动走进学生内心世界，发现每一位学生的特长，同时也能及早发现问题予以纠正处理。微博即时性的表达功能和便捷的互动交流功能不仅能提升班级思维的活跃度，增强班集体凝聚力，同时也使德育工作的开展更为人性化。

（二）微博文化视野中的高职院校班级管理创新内容

1.思想政治观念管理创新

微博中信息发布和互动专栏的多样性特点，使之成为数字化时代大学生思想政治教育的新形式。德育工作者通过发布与时事政策相关的班级微博、调查投票、回复与辩论等，引导班级学生对社会焦点的关注和思考，培养学生的爱国情操。德育工作者应该抓住时代的脉搏，抓住学生的兴奋点，有效运用微博这个集体平台进行管理工作。

2.教学信息管理创新

班级微博为共享各任课教师的基本情况、班主任情况、学生情况、班委会情况、班干部情况等提供了途径。除了教学信息的公示传达，更重要的是对教师的教学效果进行监督，教学质量的好与不好，都在微博平台上得以体现并迅速传播，避免了学生有意见不敢提、不方便提的局面。这客观上对教师的"教"是一种督促和反馈，有利于教学相长。

3.班级常规管理创新

在班级常规管理中，所涉及内容包括奖助学金、评优评干、考试报名、活动安排、就业与考研等，学生只要登录微博就能清楚地了解本班的最新动态，及时获取最新的班级通知与活动组织信息，这就避免了信息传递的不及时和不到位，同时也提高了班级管理工作的效率，是能够实现师生之间双赢的管理方式。

（三）微博文化视野中的高职院校班级管理创新特点

1.透明性

对于班级管理而言，公开透明是十分重要的。班级是构成学校的基本单位，组成班级的是学生个体和教师等。班级微博的发布能够面向所有班级成员，在一定程度上使得班务更加公开透明。而班主任或辅导员也可以将与班级建设和管理相关的信息发布在微博上，保证了信息的流通与量化、公开与透明，同时能够使班级决策具有说服力，一定程度上提升了班级凝聚力。

2.民主性

理想的师生关系基本特征是"民主平等、相互配合、共享共创"。班级管理的民主性体现在相互尊重人格和权利、相互理解、平等对话上。利用微博进行班级管理创新比传统的班级管理更能吸引学生的参与。网络图像、表情、视频等能够给网上班级活动带来更多乐趣。在微博中，学生是自由的，可以出谋划策，还可以根据自己的实际情况去选择想要了解的内容，而不是被迫接受。因此，利用微博进行班级管理更容易调动学生接受教育的主动性，更容易发挥他们的能动作用，也有利于他们的个性发展。

3.开放性

利用微博进行高职院校班级管理是一种开放式的管理。在微博上，管理者并不一定是领导、教师，可以是班级中的任何一个学生，学生可以根据自己的兴趣爱好发表言论，表达最真实的自己。对于班级微博的管理和维护，每个人都能够参与。

4.互动性

互动性是利用微博进行班级管理创新的一大特点。在微博上，每一个参与者都可以在微博上表达自己的观点，发表一些感兴趣的话题。借助电脑、平板、手机等，参与者可以在任何时候、任何地点参与讨论。而且这些讨论都会记录在微博上，供其他人查询和阅读。学生可以直接查看其他人的微博，这也开拓了学生的信息交流渠道。

第三节　新媒体环境下

网络舆情管理创新

一、高职院校网络舆情管理创新的基本原则

高职教育与社会关系日益密切，高职院校肩负着一定的社会责任，人们对高职院校的关注度和期望值也持续走高。教育主管部门和高职院校应该从社会责任出发，有效提高管理创新能力，站在提高自身形象的角度，积极做好网络舆情管理工作。高职院校网络舆情管理创新应遵循以下几项基本原则。

（一）用事实说话、信息公开原则

高职院校应当加强信息公开工作，充分利用有效途径与网民保持良好的沟通和接触，充分尊重网民的知情权，即时发布官方信息，对网络质疑的内容主动解答，形成良好的互动，满足网民的信息需求。

（二）真诚沟通、以人为本原则

在网络舆情应对中，高职院校要尊重网民的知情权和监督权，并结合网络舆情反映的内容，及时采取解决措施，把师生利益、高职院校形象作为决策的依据，最大限度地赢得网民、社会和师生的支持，共同努力解决网络舆情带来的负面影响。

（三）统筹协调、快速反应原则

网络事件发生后，高职院校要马上形成官方有效的回应，有效防止事件的进一步扩大。在高职院校网络舆情管理中，要求热点问题和重要舆情涉及的高职院校作为第一责任主体，学校负责人为第一责任人，快速组织各部门协商处理，明确工作，分头落实，积极回应。

（四）把好导向、维护校园稳定原则

教育主管部门要客观地分析网民关心的热点问题，及时发现和回应不实信息，在第一时间发布准确信息，掌握网络舆情的主导权，释放正能量，降低不良影响，维护校园稳定。

（五）形象建设与危机处理并重原则

当处理网络舆情时，高职院校应立足自身形象建设的需要，与网民进行良好互动，听取网民对高职院校管理工作的建议和意见，并对暴露的问题进行整改，及时通报，这有助于提高高职院校的公信力，提高高职院校的管理创新水平，提升高职院校的形象。

二、高职院校网络舆情管理创新的措施

（一）转变政府管理理念，正确认识高职院校网络舆情创新管理

1.高职院校网络舆情是现实问题的反映

研究显示，大多数网络舆情是现实社会矛盾问题的反映。由于存在网民对

社会的习惯性批评和负面信息容易传播等因素，网络舆情传播速度迅猛。在现实社会中，高职院校网络舆情管理同样要着眼于教育主管部门和高职院校的现实管理，要多跟实体部门沟通，处理好实体事件，将线上线下工作相结合，以求网络舆情问题的解决。

2.用好网络舆情双刃剑，服务决策是根本

网络舆情是一把双刃剑，既表现出网络谣言、网络暴力、舆情危机等问题，也能反映网民智慧，有助于政府部门和高职院校作出正确的决策。在现实管理中，政府出台的政策总有人会在网络上评论，有些是情绪发泄，有些是中肯的观点表达。对于从群众利益出发、符合管理实际的意见，应给予支持，并予以采纳。此外，高职院校还应用好网络舆情这把双刃剑，积极引导网民参与学校事务，促使其提出合理的建议和对策。

3.转变政府工作理念，用好互联网思维指导工作

在互联网日新月异的发展过程中，我国迎来了大数据时代，智慧城市、智慧校园等建设突飞猛进，高职院校网络舆情管理也需要教育主管部门有"互联网＋"思维意识，善用互联网新技术，加强信息公开工作，将工作模式互联网化，多渠道宣传相关政策，深入跟踪和解读政策信息，预防谣言的滋生。同时，教育主管部门领导和高职院校管理创新队伍应主动与网民互动，倾听网民的意见和建议。

高职院校网络舆情还应引入网络舆情监测技术，目前国内网络舆情监测的技术已有飞速发展，一些高职院校已经建立舆情研究所，这有助于提升高职院校网络舆情管理的技术化水平。

（二）加强政府引导，提升高职院校网络舆情创新管理队伍建设

1.成立政府、社会、高职院校三方协同的管理创新架构

教育主管部门可以成立高职院校网络舆情工作领导小组，内设高职院校网络舆情管理中心，负责日常高职院校网络舆情管理事务，主动回应高职院校网络舆情的问题，形成政府主导性作用，同时借助社会第三方和部分高职院校专业网络舆情监测中心的力量，对高职院校网络舆情进行监管。

教育主管部门要制定政策，要求高职院校内部形成网络舆情管理队伍，高职院校党委班子成员按照"一岗双责"的要求，对职责范围内的意识形态工作负领导责任，形成以学院党政一把手挂帅，宣传部作为职能部门，各分院、学生处、教务处、团委、保卫处协同的管理体系，并专门成立网上信息调研队伍，对各类论坛、微信群、QQ群等信息进行广泛收集。负责网络舆情引导的队伍，可以由学校的思政教师、心理教师、学生辅导员、专业教师、法律教师、优秀学生干部等组成，专门负责日常网络舆论的引导工作。

2.加强培训工作，提升网络舆情管理员素养

要做好高职院校网络舆情管理创新，人才是关键。教育主管部门要组建专家库，从专业角度加强网络舆情管理；同时指导高职院校设立网络舆情管理员岗位，网络舆情管理员要具备较强的政治、专业、心理等素质和职业素养，才能应对当前复杂的高职院校网络舆情管理工作。

教育主管部门要定期开展网络舆情管理员的培训，制定年度培训计划，对区域高职院校内网络舆情管理员进行系统培训，提高网络舆情的监测、过滤、屏蔽技能，发挥网络舆情管理员的网络舆论引导能力，对重大突发的网络舆情做好解释工作，引导网络舆情往正面有利的方向发展。

教育主管部门可以每年进行优秀网络舆情员评选表彰，高职院校内部同时

做好评选，并与绩效考核挂钩，这样有助于打造出一支素质、政治、技能三项过硬的网络舆情管理队伍。

3.建立网络舆情研判队伍

教育主管部门应当形成一套对高职院校网络舆情管理的研判机制，建立一支网络舆情分析队伍，他们的要求是政治过硬、沟通能力强、业务素养高。对网络舆情的研判需要有一个较科学的研判流程：通过收集、分析、鉴定，准确预判舆情的走势，找出问题的根源，并在最终形成的舆情报告中体现解决问题的对策，使教育主管部门和高职院校在网络舆情处置过程中的决策更加有效、精准。

综上所述，高职院校网络舆情管理队伍建设是需要建立在教育主管部门和高职院校联合的基础上的，需要从教育主管部门出发，成立高职院校网络舆情管理中心，建立第三方网络舆情监测中心，管理高职院校网络舆情；在高职院校层面应由分管领导牵头，设立网络信息中心、宣传中心和舆情应急处置指挥中心。网络信息中心主要是对网络实名制、网络监管、网络舆情的信息收集；宣传中心主要是信息公开发布、网络舆情研判和预警；舆情应急处置指挥中心主要是新闻发言人和各职能部门，联合组织应对网络舆情。

（三）完善高职院校网络舆情管理创新的制度建设

1.完善高职院校网络舆情管理创新的规章制度

从高职院校网络舆情管理制度而言，教育主管部门和高职院校需要在实际工作中不断完善规章制度。从实际管理操作来看，高职院校要按照教育主管部门要求落实校内官方网站和微信订阅号的备案机制，设置信息审核制度。高职院校还要明确各部门和分院的网络舆情管理职责，制定校园网络舆情的检查制度、值班制度、汇报制度以及岗位责任制度。广大师生要按照《全国青少年网络文明公约》《文明上网自律公约》等法律法规，文明上网，依法约束自己的网络行为。高职院校网络舆情管理条例同样要写入高职院校章程、学生手册等管理规定中去，在制度上保障网络舆情管理。

面对高职院校网络舆情出现的网络谣言、网络诽谤、网络暴力等现象，相关部门需要按照法律法规严肃处理，严厉打击网络犯罪。对属于违法行为的网络舆情事件还需要通过网络警察监控，对案件进行依法审理。一方面，教育主管部门可要求各高职院校学习、研究网络舆情监管类法律、政策等；另一方面，教育主管部门应加强监管力度。

2.加强高职院校信息公开制度的创新建设

教育主管部门要大力建设微政务平台创新，善于应用新媒体发布权威消息；同时制定政策，要求各高职院校建立官微体系，如学校、各分院、团委学生会、招生等官方微信，并就信息发布、点击等情况做考核要求，拓展新媒体的应用范围，巩固宣传阵地建设。教育主管部门还可以对高职院校进行年度考核，评选出"十大高职院校官微"，并对各高职院校官微进行排名，对排名靠后的高职院校提出指导性意见，并督促其落实整改。

积极应对多元文化、社会思潮对校园宣传文化和校园意识形态的冲击，努力发挥宣传文化阵地的正面引领作用，把握舆论主导权，建设好"政府教育部门—高职院校"两级的官方网络平台，在网上与社会、高职院校师生有效沟通，满足他们的知情权、参与权、监督权，不仅能消除误解，更能提高教育主管部门的管理水平，吸收民智，不断改进教育管理工作。

教育主管部门还要不断推进高职院校按照《高等学校信息公开事项清单》，落实10大类50条事项的信息公开；充分利用高职院校宣传窗、广播站、讲座、论坛、学术报告、网站、微博、微信、易信新媒体等，做到责任落实，谁主管谁负责，不留死角，不留盲区，落实重大事项执行严格的审批制度。教育主管部门还要做好网络舆情的跟踪管理。对于网络舆情突发事件，仅靠有限的几条政府和高职院校的官方发布信息是远远不够的，还需要在此基础上打好组合拳，可以借助新闻媒体的解读、电视采访、有影响力的专家解读、论坛的跟帖解读等，向社会公布政府的工作进程、解决办法和效果等，赢得社会的支持，使舆情能最终得到化解。

3.建立渐趋完善的问责制度

教育主管部门要针对高职院校网络舆情事件建立问责制度，要在第一时间进行认真调查，及时向公众反馈，根据新媒体网络舆情事件处置的最佳"4小时"范围，进行该方面的过程管理考核。教育主管部门对高职院校党政领导的"一岗双责""党建责任制"等均要有所体现，在问责制度上予以保障，对引起相关高职院校网络舆情事件的相关人和单位进行问责，并及时向社会反馈问责结果。在问责的过程中，教育主管部门可以利用新媒体平台广泛收集民众的意见，准确把握和预测舆情的走向，合理化解负面影响，防止舆情反弹。

教育主管部门还要按照安全隐患排查治理制度的总要求，做好网络舆情工作的重点部署、排查、整改工作，确保校园和谐稳定；要注重师生网络道德法治教育，动员师生积极学习一定法律基础知识，用网络法律来约束自身的行为。

（四）充分利用监测创新技术，完善网络舆情采集工作

1.充分利用网络舆情监测创新技术

高职院校网络舆情的出现成因是复杂的，为及时了解高职院校网络舆情信息，应当建立实时的高职院校网络舆情监测机制，密切关注校内重点网站、论坛、微信群、QQ群等社交网络，提高校园网络监控的技术水平，提升高职院校网络舆情管理的现代化水平。目前，绝大多数高职院校都通过校园网络登录

备案的客户端进行实名认证和校内论坛实名注册，保留上网日志记录，实现网络创新管理。

高职院校应当加大对网络监控的技术建设，添置校园网络舆情监控设备，利用技术手段对网上不良和非法内容的舆情信息进行封堵和过滤，同时聘请第三方协同管理。教育主管部门可制定政策，要求高职院校加大在网络舆情监测上的投入，同时划拨专项经费，并定期检查高职院校整改落实情况，以提高高职院校网络舆情管理的能力。

2.完善网络舆情信息报送机制

教育主管部门在进行高职院校网络舆情组织建设时，应不断完善高职院校网络舆情信息的收集制度，在每所高职院校设专职舆情信息员，高职院校可以按照需要设置各部门、各分院的舆情信息员。每天由各高职院校舆情信息员推送网络舆情报告，经过整理和审核，报送教育主管部门领导，做工作批示，并按照批示要求，传达至相应部门、高职院校等贯彻落实。对于较重要的高职院校网络舆情，还应报送教育部、省委宣传部、公安局等处理。高职院校可以设立教育舆情信息刊物，开展网络舆情收集工作，通过网络舆情的收集来预防网络舆情的发生。教育主管部门和高职院校要针对收集到的网络舆情作出整改，并及时回应，提出明确的处置意见，及时落实。

（五）健全工作机制，搭建资源共享平台，提高高职院校网络舆情处置能力

1.形成政府、高职院校联动的工作机制

在高职院校网络舆情的监测、收集、处置过程中，需要建立一支"教育主管部门—高职院校（舆情管理指挥中心）—二级学院（部门）—班级（教师）"的四级舆情工作协同机制。该工作机制的具体要求有以下几点：

第一，做好日常的舆情信息收集，做到随时上报，保证舆情渠道的畅通，并适时召开会议，分析舆情动态，防患于未然。

第二，在处置网络舆情过程中，能有条不紊，按照计划步骤处理，消除影响，减轻危害，保障网络的安全运行与信息安全，使网络舆情势态往好的方向发展，确保校园稳定。

第三，形成网络舆情管理创新指导思想，分解工作职责。如当网络舆情产生后，保卫处和网络信息中心按照规章制度要求，删除恶意信息，甚至关闭相关网站和服务，追查信息来源，立即消除影响，必要时迅速报告上级教育主管部门和公安部门。

第四，积极与学校师生进行互动，赢得师生的信任和支持，主动引导舆论，创造有利于化解矛盾、澄清事实的网络环境，形成正面宣传的舆论强势。当高职院校形成网络舆情事件时，能第一时间发布官方消息，往往有利于减少网络舆情事件的影响。

2.搭建政府主导的高职院校网络舆情监测资源共享平台

由于网络舆情监测技术在硬件建设上要求比较高，对专业网络舆情研判团队等方面都需要较高投入，同时也可能会出现重复建设的问题，因此教育主管部门在高职院校网络舆情监测工作上还可以做一些统筹工作，例如以公开招标形式引进第三方网络舆情监测系统，或者委托区域内较专业的高职院校负责管理，打造专业网络舆情监测、分析、管理团队等。

（六）加强指导和意识形态管理

1.加强指导，提升高职院校管理的综合治理水平

教育主管部门对高职院校网络舆情管理进行年度考核，将高职院校网络舆情纳入高职院校平安校园建设、文明校园创建、示范院校建设等创建内容中，促进高职院校加强网络舆情管理。同时，高职院校要按照学校章程治校，促进教育管理能力现代化。具体来说，提升高职院校管理的综合治理水平可以从以下四个方面入手：

第一，加强教师群体的道德素质和专业水平，建立师德师风考核标准，把高职院校教师网络言行不当作为对高职院校教师的考核依据之一，将师德师风有问题的教师及时清除出教师队伍。

第二，加强工作业务能力，把服务做到位，尤其是在学生比较关注的学校制度改革、食堂、住宿环境等方面，深入开展全校宣传教育活动，维护校园稳定，建设平安校园。

第三，加强问题收集机制，按照信访管理相关办法办理师生来信来访，定期开展师生座谈会，及时做好问题的回复和解决。

第四，丰富文化校园建设，充分发挥文化育人功能，注重高职院校自身的品牌建设和形象塑造。

2.加强意识形态管理，增强网络自律意识

高职院校网络舆情的主体是师生，因此高职院校网络舆情关键在于做好网络舆情的正面引导。教育主管部门要加强对高职院校在意识形态方面的创新管理，在引导高职院校思政课堂、形势与政策教育、思政实践教学基地建设、文明单位结对等渠道的基础上，充分利用新媒体信息传播开展学生思想政治工作，净化网络环境，发表主流健康的网络信息；加强高职院校师生的网络媒介素养，提升学生网络信息的甄别能力，弘扬社会主义核心价值观，让学生成为网络舆论正能量的传播者。

参 考 文 献

[1] 陈小军，崔景茂，吴飞，等.高职教育管理实践与探索[M].成都：电子科技大学出版社，2018.

[2] 冯雁.新时代背景下高职教育管理创新研究[M].长春：吉林人民出版社，2018.

[3] 顾捷.高等职业院校教学质量基层管理制度建设[M].杭州：浙江工商大学出版社，2019.

[4] 蒋小明.现代高职院校教育管理创新研究[M].北京：北京工业大学出版社，2018.

[5] 李爱媚.高职教育管理与实践艺术[M].长春：吉林美术出版社，2020.

[6] 廖伏树.创新视角下的高职教育管理[M].北京：光明日报出版社，2021.

[7] 吕浔倩，刘彬.信息化高职教育教学管理研究[M].西安：西北工业大学出版社，2019.

[8] 卿助建，黄煜欣，秦海宁.职业院校中层干部管理能力[M].北京：北京理工大学出版社，2021.

[9] 孙建伟.高职院校学生管理与创业教育研究[M].北京：北京工业大学出版社，2018.

[10] 汪炎珍.现代职业教育背景下的高职院校财务管理模式研究[M].长沙：中南大学出版社，2018.

[11] 王亚盛，时秀波.职业院校 ISSD 卓越质量管理体系研究与构建[M].北京：化学工业出版社，2019.

[12] 王志伟. 高等职业教育理念创新与发展[M]. 长春：东北师范大学出版社，2017.

[13] 夏明凤. 现代高职院校学生思想教育与管理[M]. 长春：吉林出版集团股份有限公司，2019.

[14] 徐友辉，何雪梅，罗惠文. 高职院校学生教育管理创新研究[M]. 成都：西南交通大学出版社，2018.

[15] 查吉德. 高职院校治理结构的理论与实证研究[M]. 广州：广东高等教育出版社，2019.

[16] 张等菊. 高职教育专业设置的管理机制研究[M]. 北京：经济科学出版社，2021.

[17] 张慧. 高职院校文化育人的多层透视[M]. 西安：西北工业大学出版社，2020.

[18] 赵婧. 高职教育管理探索与创新[M]. 哈尔滨：哈尔滨地图出版社，2018.

[19] 朱斌. 新时期高职管理理论与安全教育研究[M]. 哈尔滨：黑龙江人民出版社，2019.

[20] 朱浩，陈娟作. 民办职业院校分类管理配套政策的耦合机制研究[M]. 北京：科学出版社，2022.